孩子，
你是在为自己读书

周舒予 著

北京理工大学出版社
BEIJING INSTITUTE OF TECHNOLOGY PRESS

版权专有　侵权必究

图书在版编目（CIP）数据

孩子，你是在为自己读书/周舒予著.—北京：北京理工大学出版社，2016.1（2023.10重印）

ISBN 978-7-5682-1384-4

Ⅰ.①孩… Ⅱ.①周… Ⅲ.①读书方法–青少年读物 Ⅳ.①G792-49

中国版本图书馆CIP数据核字(2015)第241775号

出版发行 / 北京理工大学出版社有限责任公司	
社　　址 / 北京市海淀区中关村南大街5号	
邮　　编 / 100081	
电　　话 / （010）68914775（总编室）	
（010）82562903（教材售后服务热线）	
（010）68944723（其他图书服务热线）	
网　　址 / http://www.bitpress.com.cn	
经　　销 / 全国各地新华书店	
印　　刷 / 唐山富达印务有限公司	
开　　本 / 710毫米 × 1000毫米　1 / 16	
印　　张 / 17.5	责任编辑 / 申玉琴
字　　数 / 236千字	文案编辑 / 王晓莉
版　　次 / 2016年1月第1版　2023年10月第38次印刷	责任校对 / 周瑞红
定　　价 / 39.80元	责任印制 / 马振武

图书出现印装质量问题，请拨打售后服务热线，本社负责调换

前言

读书学习,是人类认识自然和社会、不断完善和发展自我的必由之路。只有不断读书学习,一个人才能获得新知,增长才干,跟上时代的发展。

苏联作家高尔基说:"书籍使我变成了一个幸福的人,使我的生活变成轻松而舒适的诗。"所以说,要想幸福,就应该读书学习。

西汉历史学家、文学家刘向说:"少而好学,如日出之阳;壮而好学,如日中之光;老而好学,如炳烛之明。"可见,读书学习一定要趁早。

当今时代,世界飞速变化,新信息、新问题层出不穷,知识更新的速度更是大大加快。人们要适应不断发展变化的客观世界,就必须把读书学习从单纯的求知变为一种生活方式。读书学习已经不仅仅局限于对某些知识和技能的掌握,还能让人聪慧文明、高尚完美。

所以,我们要始终把学习当作一个永恒的主题,不断探索读书学习的科学方法。读书学习应该贯穿人的一生,我们一定要树立终身学习的态度,正所谓"学到老,活到老"。

一个人学得越多,懂得越多,就会越觉得自己的无知,还需要加倍努力学习才行,这才是一种真正学习的状态。

从某种意义上来说,学习不是一种活动,而应该是一种能力,是一种学习能力，也就是学习力。学习的最大目的就是学会学习，让自己具备学习力。这样，才能在当今社会真正立于不败之地。

联合国教科文组织著名教育专家埃得加·富尔在《学会生存——教育界的今天和明天》一书中指出："21世纪的文盲不再是目不识丁的人，而是不会学习的人。"愿我们都能学会学习，建立起主动学习的意愿、态度及能力，提早具备这种学习力。只要我们具备强大的学习力，懂得有效学习，那么即使没有很高的智力天赋，也能够取得好成绩。

如果一个人从儿童时代、青少年时代就懂得去读好书，就懂得自动自发地努力学习，那他的人生前程将是不可限量的，人生之路也一定是平坦顺畅的，也一定会拥有幸福的人生。

读书学习是我们每一位青少年都必须要做的事。因为要读书学习，所以每天都读书学习。但是，为什么要读书学习？读书学习是为了谁？是为了父母吗？是为了老师吗？是为了社会国家吗？其实，读书学习是为了自己！所以，我们要为自己读书学习。

那我们应该从哪些方面来"为自己读书学习"呢？本书将会回答这个问题。本书从"读书到底是为了谁？读书改变命运，学习成就未来；志当存高远，读书先立志；聪明出自勤奋，天才在于积累；兴趣才是最好的老师；学习一定有方法，好方法带来高效能；专注，把精力集中在学习上；学习态度决定学习成绩；懂得利用时间，年少正是读书时；创新，给学习增添动力；培养坚韧精神，直面挫折与压力；青春期，正确对待友谊与情感；自信，成就卓越的人生；有好品格，才会有好未来"等方面全面阐述了读书学习的重要性与各种方法。如果这些方面都做好了，一个崭新的自己就炼成了。

本书提到的关于读书学习的内容，在当今这个浮躁的时代很难得、很珍贵。所以，一定要努力去学习、力行，让自己真正终身受益。

祝福每一位青少年都知道"读书好"，都能"好读书，读好书"，都能"为自己读书"！

目　录

第一章　读书到底是为了谁？

> 对于我们每一位青少年来说，读书是人生的头等大事，而"读书到底是为了谁"又是一个值得认真思考的问题。因为，我们只有真正明白读书到底是为了谁，明白读书的目的和意义，才能准确定位自己的人生坐标，才有动力和能力实现自己的理想。

为了听话而读书？ ……………………………………………………… 2
为了好成绩而读书？ …………………………………………………… 5
为了面子而读书？ ……………………………………………………… 8
为了什么而读书？ ……………………………………………………… 11
读书到底是为了谁？ …………………………………………………… 13

第二章　读书改变命运，学习成就未来

> 读书学习能够影响人的一生，是改变命运的第一推动力。因为，在读书学习中积累的知识、掌握的本领是未来成功的基础，是一生中最有价值的财富。读书能够照亮和指明前进的道路，能够鞭策我们不断前进，从而让我们的未来充满希望与美好。

读书让人有不断向上的力量 …………………………………………… 17
书是我们的良师益友 …………………………………………………… 20
掌握读书方法，磨刀不误砍柴工 ……………………………………… 23
不良书籍坚决不能碰 …………………………………………………… 27
多阅读一些经典名著与名人传记 ……………………………………… 30
养成读书的好习惯 ……………………………………………………… 33
学了不用，是一种浪费 ………………………………………………… 36

第三章　志当存高远，读书先立志

> 读书为什么？少年时的周恩来总理说"为中华之崛起而读书"，而书中的那些道理果然在日后也成了周总理工作的好助手。这就是说，读书前若是有高远的志向，不仅会让当下的读书时间变得更有意义，书中的那些知识道理也将在未来成为我们工作中的助力。

做事之前先立志，读书也是如此 ·· 40
眼光决定格局，目标要远大 ··· 43
目标立定，脚下的路要踏实走 ·· 46
好高骛远只会一败涂地 ··· 49
你想成为哪种人？抉择很重要 ·· 52

第四章　聪明出自勤奋，天才在于积累

> 聪明是什么？有人说是天性，某种程度来说也算正确，但是那些天生聪明的人却并不一定都能成功。相反，那些靠努力勤奋起家，并且不断积累知识、能力的人，反倒更容易实现梦想。这也就是所谓的"聪明出自勤奋，天才在于积累"。

你的闹钟定在几点？ ·· 55
读书一定要用功，业精于勤 ··· 58
不是没时间，是你不想读 ·· 61
懒惰是种"病"，你想治就能好 ·· 64
"见缝插针"也可以读书 ··· 66
列一个合理的读书计划 ··· 69

第五章　兴趣才是最好的老师

> 每个人都可能要做两种事情——愿意做的和必须做的，愿意做的事情就会让人产生兴趣，做起来也就更主动，但必须做的事情就不一定了。所以，如果能将必须做的事情也演变成愿意做的事情，就比如学习，也就是将其变成兴趣，那接下来的一切岂不是要简单许多？

你爱好什么，兴趣就在那里 ··· 72

多在感兴趣的事情上下功夫 ······················· 75
兴趣也是可以培养的 ··························· 78
读书的兴趣从品尝"读书之乐"开始 ················ 81
培养对学习的兴趣 ····························· 84
多找一找偏科的原因 ··························· 86

第六章 学习一定有方法，好方法带来高效能

> 做任何事都会有方法，小到洗个衣服，大到建座桥梁，方法找对了，事半功倍。学习更是如此，找到了好方法，学习效率就会提升；找到了好方法，很多问题可能也就不再是问题，或者说我们就可以规避很多不必要的困难。

敢于提问，从老师身上"淘金" ···················· 90
读书要勤思，读思结合有成效 ···················· 93
会做读书笔记和课堂笔记 ························ 96
找到属于自己的最佳记忆时间 ···················· 99
寻找学习的薄弱环节，并一举突破 ················ 101
预习和复习，取得好成绩的"法宝" ················ 104
会学习也得会休息，劳逸结合 ···················· 108

第七章 专注，把精力集中在学习上

> 精力集中，才能更好地做事，学习也是一样。也许我们更希望有一个五彩缤纷的生活，但专注的学习与快乐的生活并不构成矛盾冲突，倒不如说，专心是做好所有事情的通用法宝。所以，要想取得好成绩，那就收回你的心思，好好开始读书学习吧！

精神集中才能拥有好成绩 ························ 112
勤而不乱，专注"当下"那本书 ···················· 115
把握课堂"黄金45分钟" ························· 118
要培养自我控制的能力 ·························· 121
玩的时候好好玩，学的时候好好学 ················ 124
训练专注力，一定有方法 ························ 127
如何"全神贯注"地去学习 ······················· 130

第八章　学习态度决定学习成绩

> 爱学习的孩子多半都会将精力用在学习上,成绩一般差不了;相反,对学习没有兴趣的孩子恨不得把精力都放在别处,对学习不上心,自然也不会取得好成绩。这就是一个很浅显的道理,学习态度决定学习成绩,好的学习态度自然会有好的学习成绩。

学习态度影响学习效率 …………………………………………… 134
不要把学业当作赌气的"筹码" …………………………………… 136
学习要保有好奇心 ………………………………………………… 139
把"要我学"变为"我要学" ……………………………………… 141
把学习变成一种享受 ……………………………………………… 144

第九章　懂得利用时间,年少正是读书时

> 世上只有一样东西最无情,一旦它开启了运动模式,便没有停下来、倒回去的可能,只会一路向前。这样东西就是时间。少年时期是我们的大脑学习的最佳时期,也是我们最能全身心投入学习的时期,正所谓"年少正是读书时",所以好好利用这青春年华吧!

青春的年华,经不起浪费 …………………………………………… 148
珍惜读书的时光,合理利用每一分钟 ……………………………… 151
言情小说,你为它流了多少泪? …………………………………… 154
网络游戏,真的那么重要吗? ……………………………………… 157
微信朋友圈,警惕时间都被"碎片化" …………………………… 160
交了这些朋友,你"永无宁日" …………………………………… 163
把时间花在可以让你成长的事情上 ……………………………… 166

第十章　创新,给学习增添动力

> 要想更好地学习,需要几个重要的要素,专心努力是最基础的,惜时勤奋是要始终如一的,那么还需要什么?当然还需要创新。创新会让学习变得不再枯燥,不断地创新会让思路越来越灵活,会给我们带来永不停止的学习动力。

越读越聪明，学会从书中借力·················170
多做些锻炼脑力的益智游戏·················173
知识的累积是创新的前提···················176
不要让约定俗成的事物束缚住手脚···········179
勇于尝试，但要合法合规···················182
平日细心观察，创意源源不绝···············185

第十一章 培养坚韧精神，直面挫折与压力

> 说起来，学习好像也不是一件简单的事情，要集中精力，要手、脑、眼、耳合作，但即便如此努力，也还会遭遇挫折，还会因为某些过不去的坎儿而心生压力。但是，不能逃避，否则将永远学无所成，因此才要培养坚韧精神，直面学习中的挫折与压力！

每一次的挫折都是一堂成长的课·············189
自我暗示：我可以做得更好·················192
在感到绝望的时候，再坚持一下·············194
遇到难关时，请读一本知心的书·············197
改变得了的要努力改变，改变不了的就去接受···199
当顺境来临时，要集中精力求得进步·········201
渡过难关之后，要及时总结·················204

第十二章 青春期，正确对待友谊与情感

> 学生时代遇上青春期，这是个微妙的交集或碰撞。友谊的继续与情感的萌发，会在这个时期同时进行，但是学习绝对是此时不能被忽视的主要内容，那么，如何在学习、友谊与情感三者之间毫无障碍地游走，便是我们需要认真考虑的事情。

最纯真的友谊来自校园·····················208
分清友情和爱情的界限·····················211
保持与异性好友交往的距离·················214
慎重对待青春期的恋爱·····················217
青春的"涩果"不要尝·······················220

第十三章 自信,成就卓越的人生

> 学习是一件需要自己努力的事情,但怎样才能让自己有动力去努力?是要老师催促吗?是要爸爸妈妈监督吗?当然都不是。自信,理应成为我们主动努力学习的一项主要促进动力。自信会让我们学得更认真,也更愿意学,有自信,自然也就能成就卓越的人生。

勇敢一点,你只需迈出第一步……………………………………224
相信自己是值得被爱的………………………………………………227
自信是种能力,自负是个包袱…………………………………………230
自信的人拥有和谐的人际关系………………………………………233
自信的人勇于表达自己的观点………………………………………236
学会激发自己的斗志……………………………………………………239
不要被别人的评价左右了情绪………………………………………242

第十四章 有好品格,才会有好未来

> "首孝悌,次谨信。泛爱众,而亲仁。有余力,则学文",出自《弟子规》的总叙部分,意思是,要先学会做人,先具备好的德行,在这之后再努力读书学习才有意义。否则,有知识却无德行,有学历却无品格,肯定不会有好的未来。好的品格,才是好未来的最大保障。

孝心——把父母放在心上,学习会更有劲……………………………246
感恩——是品格,更是对人、对事的态度……………………………249
谦逊——放低姿态,"三人行,必有我师"…………………………252
包容——心有多宽广,舞台就有多大…………………………………255
诚信——看不见却又真实存在的一笔财富……………………………257
负责——责任的承担才是成长的开始…………………………………260
自律——强者身上必备的一种优秀特质………………………………263
选择——人生最重要的不是奋斗而是抉择……………………………266

第一章
读书到底是为了谁?

对于我们每一位青少年来说,读书是人生的头等大事,而"读书到底是为了谁"又是一个值得认真思考的问题。因为,我们只有真正明白读书到底是为了谁,明白读书的目的和意义,才能准确定位自己的人生坐标,才有动力和能力实现自己的理想。

为了听话而读书？

"听话，快回屋读书去！"

"听话，快去学习！"

这也许是经常回响在我们耳畔的话语吧！

长久以来，听不听话好像是评价子女好不好的首要标准。因为，在父母、长辈的眼中，听话的孩子就是好孩子，而我们也经常听到父母或长辈这样称赞"真是个听话的好孩子"。于是，为了得到这样一句称赞，很多孩子为了听话而读书，甚至可以说是为了父母而读书。

由于社会竞争日益激烈，越来越多的父母开始对我们的读书学习有了更多的规定性，希望我们上最好的学校，恨不得我们琴、棋、书、画样样精通，甚至把我们的成长之路都规划好了，而我们为了那句"听话的孩子就是好孩子"，只能听从父母的安排，而这样真的利于我们的成长吗？

我们知道，一个人做事的动力有两种：一是内在动力；二是外在动力。

内在动力，源于一个人内心对事物的兴趣，做事之后带来的喜悦感、成就感，而这种感觉又会增加他对做事本身的兴趣，促使他产生愿意做事的自觉冲动。外在动力，则是由一个人的外部因素刺激所导致的，这种刺激虽然也会让他产生喜悦感、成就感，但这种感觉却是有条件的，一旦这种外部因素发生变化，不再对他有吸引力，那么他就不再愿意继续做事，甚至会对事情产生厌恶感。事实上，读书学习亦是如此。

第一章 读书到底是为了谁？

下面这个故事，可以更好地诠释这个道理。

一位退休老人原本居住在一个安静的地方，但是不知从何时开始，有3个孩子经常将一个破旧的铁桶踢来踢去，喜欢清静的老人实在是受不了这种噪声，便决定想办法阻止他们这种行动。

一天，3个孩子正在踢铁桶，老人走到他们身边，说："看你们踢桶，还真是有意思，你们要是不来，我还觉得有些寂寞呢！这样吧，如果你们每天都来踢铁桶，我就给你们每个人两元钱的报酬。"3个孩子非常高兴，每天都到那里使劲地踢铁桶，而老人也如约给他们报酬。

过了几天，老人对3个孩子说："由于物价上涨减少了我的收入，我恐怕只能给你们一元钱了。"3个孩子虽然有些不满意，但还是接受了老人的条件，每天放学后都坚持来踢铁桶，却没有以前那么卖力了。

又过了几天，老人愁眉苦脸地对3个孩子说："实在对不起，我最近手头太紧了，恐怕只能给你们五毛钱了。"

3个孩子的脸上立刻显出了不屑的表情，其中一个孩子说："谁会为这区区五毛钱而浪费宝贵的时间，我们不干了！"从此之后，老人居住的地方又恢复了以往的平静。

一开始，那3个孩子踢铁桶，就是图个乐，这是内在动力的驱使。然而，当老人用额外的行为理由（金钱）对他们进行刺激，而金钱的刺激在短时间比内在动力（自娱自乐）更有吸引力时，他们的内在动力就转化为了外在动力（获取金钱报酬），结果就变成了为了钱而玩耍。如此，虽然提高了他们踢铁桶的积极性，但是减弱了他们踢铁桶的兴趣。当这种外在动力对他们无法产生吸引力的时候，也就没人再愿意白费力气了。

仔细想一想，如果我们只是为了听话而读书时，不是也和故事中讲述的一样吗？我们用"听话"作为读书的诱饵，已经颠覆了读书的初衷，将读书从内在的自觉引向了外在的价值，当我们觉得不值得为了听话而读书时，可能就会出现厌学情绪。

事实上，没有一个优秀的孩子是为了听话而读书的。对于成功而言，一个人的内在动力比外在动力重要得多，内在动力更加持久、强烈。对于读书学习，听话只是外在动力，而内在动力是读书的兴趣，是增强自己的学问，完善自己的道德，最终成为一个对社会、对民族、对国家有用的栋梁之材。

在成长的道路上，父母虽然为我们付出了很多，但是我们要明白，决定我们未来命运的，不是父母，而是我们自己。所以，我们不能为了听话而读书，不能被动地按照父母的意愿去读书，更不能盲目地踏上父母为我们规划好的人生轨道，而是要知道自己到底要成为一个什么样的人，知道自己要往哪个方向去努力，知道自己为了什么而读书。如此，我们才能成就自己的人生。

第一章
读书到底是为了谁？

为了好成绩而读书？

小时候，看到哥哥姐姐背着书包上学，很是羡慕，那时候的我们想法很纯真，以为上学就是为了读书，就是为了长知识。但是，当我们步入学校的大门之后，每个学期都有数不清的考试，还要面对父母、长辈对成绩的询问，这时候我们不再认为读书是一件令人羡慕的、轻松的事情，取而代之的是为成绩而读书的压力。

尤其是在学历和各种证书是硬道理的年代，成绩似乎被赋予了极其"崇高"的地位，甚至成了评判学习好坏、能否成才的唯一标准。于是，为了好成绩而读书，成为越来越多学生不得已的选择。殊不知，这种选择也许是一个非常危险的信号。

据报道，2015年1月13日，陕西省三原县北城中学发生了一起悲剧，在第一节晚自习下课休息时间，一名高二男生突然打开教室窗户从四楼跳下，后被送到医院，但最终因伤情严重而抢救无效死亡。据称，这名男生跳楼的原因是考试成绩排名下降。

一个花季少年竟然因为考试成绩不理想而选择跳楼自杀，这不禁给我们敲响了警钟。如果我们一味地为了好成绩而读书，那么一旦成绩不理想，难免会感到失落，甚至会一蹶不振，更有甚者像报道中的男生一样产生极端的行为。

而且，当读书成为取得好成绩的附庸时，读书就失去了真正的意义，就变成了一种急功近利的做法。由于书中的内容能够让我们取得好成绩，所以对书的态度就会发生一种扭曲性的改变，变得更加依赖书本，根本就不会对书本上的内容产生怀疑，当这种心理成为惰性的时候，书虫便产生了。

由于读书的目的是考试，所以考试考什么，我们就读什么，这就从根本上决定了不考就不会去读，而只有考试才会想起读书，只为了"临阵磨枪，不快也光"。结果，"平时不烧香，临时抱佛脚"，成了很多学生的真实写照。如此下去，我们就会与自己真正感兴趣的东西擦肩而过，这或许会导致我们失去更多、更好的机会。

如果我们只重视成绩，那么死记硬背也是可以考出好成绩的。但是，仅凭一张成绩单，仅凭两三个鲜红的阿拉伯数字，有谁敢断言他就是优秀的？有谁敢保证他今后一定会成功？又有多少孩子在考试过后的一段时间会真正记得书中的知识？

好成绩虽然可以使一个人顺利进入一所名校，但是绝不能保证他一生都能够获得成功和幸福。而真正的读书成果也绝不是通过分数就能检测出来的，我们能否成才也不是通过分数就能判断出来的。

而事实证明，一些有所成就的人并非是学习成绩最好的人。

华罗庚在读初中的时候，功课做得并不好，有时候数学成绩不及格，但是他后来却成了著名的数学家。还有爱迪生，他小时候曾被当成是低能儿，被老师称为"笨蛋"，但是他成了举世闻名的发明家。

此外，在心理学中，有一个"第十名现象"，即在小学位于十名左右的学生，在之后的学习和工作中表现出色；相反，那些当年成绩数一数二的优秀学生长大后却淡出优秀行列，表现平平。

在我们的认知中，那些从小学习成绩优异的学生在未来的事业上都会崭露头角，为什么会出现这个"第十名现象"呢？

原因是，那些学习成绩名列前茅的学生由于把过多的时间和精力都放在了学习上，所以没有时间拓展兴趣爱好，没有时间参加社会实践活动，甚至没有时间与人交往，所以在创造力、社会实践能力、社交能力等方面都受到了制约，而这些能力恰巧是学业与事业成功的必备条件。还有，这些成绩好的学生背负着太多的期望和压力，一旦没有取得好成绩，心理承受能力就会大大削弱，变得不敢面对挫折与失败。当然，他们就会慢慢淡出"优秀"的行列。

与此相反的是，那些成绩不是特别优异的孩子受老师的关注不是特别多，因此他们的学习自主性就会更强，他们有很大的潜力。而且，他们没有考第一的心理压力，反而能够保持良好的心态，也会学得轻松、快乐。同时，他们也有更多的时间和精力做自己感兴趣的事情，在兴趣爱好、拓展知识面、创造力等方面表现突出，更易获得学业与事业的成功。

当然，"第十名现象"并不是一个绝对的现象，只能说明一个观点：一个人能否取得成功并不取决于学习成绩的好坏。因此，我们要明确读书的目的，不是为了取得好成绩而读书，而是为了增强自己的学问、完善自己的道德，这才是为自己读书的体现，这才是对自己的未来负责任。

同时，我们要以一颗平常心看待自己的成绩，要知道，成绩仅仅是检测学习成果的一种手段，是了解学习状况的一种渠道。所以，我们既不能因成绩好而到处炫耀、骄傲自满，也不能因为成绩差而垂头丧气、一蹶不振。关键是要冷静地分析成绩差的原因，查缺补漏，总结经验教训，不断提升学习能力。

当考试成绩发下来之后，我们应该分析一下成绩不理想的原因是什么，把出错的部分都列出来，一个个攻破，最好是建一个"错题本"，把试卷中的错题抄写在本子上，然后经常拿出来考考自己，避免犯相同或类似的错误。如此，我们才能通过一次次考试得到真正的收获。切记，我们这样做并不是为了取得好成绩，而是为了真正掌握所学的知识。

为了面子而读书？

俗话说："人活一张脸，树活一张皮。"今天很多人爱面子到了无以复加的地步，而我们似乎也将读书涂上了面子色彩。每个学期结束之后，我们都会被父母、长辈问来问去——"考得怎么样"、"考了多少分"、"考了第几名"。如果考得好，父母和长辈就会大大奖励我们一番，而我们也会觉得很有面子；如果考得不好，父母和长辈不是保持缄默，就是低声叹息，有时甚至会对我们训斥一番，而我们自然就觉得很丢脸，就好像被贴上了"没出息"的标签。

还有，现在流行什么，我们就关注什么，即使自己不感兴趣，也要强迫自己去了解，这样大家谈论起来，就不会因为自己不知道或说不出而显得没面子。于是，我们开始为了自己的面子而读书。

还有这么一句话："中国家长的面子就是自己的孩子。"仔细想想，的确如此，如果我们读书成绩好、考上了一所理想的学校、参加比赛得了奖等，父母就会觉得在亲朋好友面前脸上有光，觉得有面子；反之，当我们让父母在他人面前面子尽失的时候，父母就会低声叹息，总觉得自己矮人三分。

因而，父母说得最多的话语就是："你真是为爸妈长脸，我们总算是没有白辛苦！""真是个窝囊废，你这个德行让我怎么去见人啊！"夸奖也好，呵斥也罢，总之，在多数父母看来，我们的读书直接与父母的面子挂钩。

而且，从小到大，不管什么时候，只要跟亲戚朋友见面，父母就喜欢把我们所取得的一点儿成绩挂在嘴边，不管我们是否愿意，总是乐此不疲地让我们展示各种才艺，恨不得让我们把十八般武艺样样都展示出来。就这样，我们成了父母炫耀的工具。于是，为了不给父母丢脸，为了得到父母的称赞，我们开始为了父母的面子而读书。

正是因为为了面子而读书，所以读书就可能囫囵吞枣、不求甚解。如果一认真，就不是面子的问题了，而是里子问题了。因此，即便是金玉其外，也无所谓了，反正不过是为了面子。殊不知，金玉其外，败絮其中。

就拿读书来说吧，当我们为了面子而读一本书时，就不会全身心地投入书中，自然也无法用心去感知、去体悟，而是会草草看完，只为了谈论起来的时候，我们可以说"我看过这本书"，也可以简单谈论一下书中的内容，而不至于没有面子。我们不把面子放下，就不会真正享受读书的乐趣。

为了面子而读书，我们就会只看眼前的利益，而没有长远眼光。有利益的事，我们就会去做，而没有利益的事，我们就不会去做。这样功利的做法只会令我们偏离正确的轨道，在偏执的追求中扭曲本应健全的人格。

当然，人活在世上，都要顾及自己的脸面和尊严，所以我们不能全盘否定面子的作用。适度的讲面子还是有好处的，面子是追求荣耀的自我意识，面子可以转化为努力奋斗的动力，因为爱面子，我们有自尊心、羞耻心，会积极进取，尽可能地完善自我。

但是，凡事都有个度，如果我们过分在乎面子，为了面子而读书，就会使读书失去真正的意义和价值，也会给自己造成不必要的心理负担，落得个"死要面子活受罪"的尴尬局面。太爱面子，到头来虽说是赢了面子，但是却输了里子，累坏了身子，那样就得不偿失了。

这时候，我们最需要做的不是顾虑自己或父母的面子，而是放下急功近利的心态，放下"别人眼中优秀的自己"，将自己归零，坦然面对和接受自己的不完美与不足，让自己自动自发地去读书学习。

如此，我们才能真正深入"里子"，明白读书的真谛，在读书的过程中不断完善自我，成就自己的人生。慢慢地，我们会发现，自己在改变，变得越来越优秀，父母也为我们感到骄傲。而这才是真正对得起父母的养育之恩，才是对父母最好的报答。

为了什么而读书?

既然我们已经否定了为听话、为好成绩、为面子而读书的不当想法,那么我们到底为了什么而读书呢?

可能有人会说,读书就是为了改变自己的处境和生活状况,就是为了改变自己的命运,常言道"知识改变命运"。因为,只有好好读书,才能考出好成绩,只有考个好成绩,才能考上理想的大学,只有考个好大学,才能找到好工作,只有找个好工作,才能赚很多钱,进而改变自己的命运。

难道,这就是我们读书的目的吗?

我们应该都学过一篇课文《为中华之崛起而读书》,讲的是敬爱的周恩来总理少年时的一则感人故事。

1910年夏,12岁的周恩来随三伯来到东北,进入小学读书。在一次课堂上,老师问学生:"你们为什么而读书呢?"有的同学说是为了光宗耀祖而读书,有的同学说是为了知礼而读书,还有一个同学竟然说是为了帮助父亲记账而读书,惹得大家一阵哄笑。

当老师问到周恩来的时候,他从座位上站起来,庄严而洪亮地说:"为中华之崛起而读书!"周恩来的回答令老师大为吃惊,老师称赞他有志气、有抱负,并对同学们说:"一个有志向的青年,都应该向周恩来学习。"

一句"为中华之崛起而读书",充分表达了少年周恩来要为祖国富强而发奋读书的宏伟志向。正是因为周恩来知道自己为了什么而读书,才造就了备受世界人民景仰的一代伟人。

我们是祖国的未来，是民族的希望，中华民族五千年的文明，要靠我们去传承、去奋斗。如果我们不明白自己为了什么读书，不好好读书，又怎能担当得起如此重任呢？我们只有读好书，才有机会报效祖国。

此外，我们要明白，读书不仅仅是为了一纸文凭和将来的就业，不单纯为了"读书破万卷，下笔如有神"，更不是"万般皆下品，唯有读书高"，更重要的是，我们要通过读书明白人生的价值和意义，增强自己的学问，建立自己的人格，丰富自己的精神世界，提升自己的道德境界，做一个真正意义上的读书人。

《朱子治家格言》中有一句话："读书志在圣贤。"可是在这个时代，读书志在考试，读书志在高学历，读书志在赚钱。这些都是为求自己的功名利禄，与古人读书的目的完全不同。要知道，考了高分、拿到了高学历、赚到了钱并不能代表你就是成功者。

如果我们读书只是为了自己的前途，为了自己的功名利禄，而忽略人生最重要的根本是德行，不知道"厚德载物"，那么学得再多也未必会有成就，高学历、高收入甚至可能成为祸，而不是福。

就如一些黑客，他们是水平高超的电脑专家，但是没有把所学的技能用于电脑技术的发展，而是专门入侵他人系统进行不法行为。

之前新闻报道过一个叫苏浩洋的黑客，他大学就读于清华大学热能工程系，大学毕业后考入中国科学院等离子体物理研究所，之后赴新加坡任航空燃料领域的研究员。就是这样一个高学历的人才，却成了一名黑客，利用网络系统漏洞凭空获得400余万元，最终以涉嫌非法侵入计算机信息系统罪被捕。

可以说，学问之道的根本是德行。所以，我们读书，不单单是要学习文化知识或技能本领，更要学会做人，提高自身的素质和修养，明白什么是真、善、美，什么是真正有意义、有价值的人生。

读书到底是为了谁？

读书到底是为了谁？对于我们来说，这的确是一个值得认真思考的问题。

有的孩子会说："我是给父母读书的。"这样的答案估计会占相当大的比重，而这样的回答好像也不无道理，因为，我们从小到大，读什么学校、学习什么才艺、报哪个兴趣班、参加哪些实践活动等，这些都是由父母决定的。我们从小就没有选择的机会，一切听从父母的安排，所以是在为父母读书。

还有的孩子会说："我是给老师读书的。"在读书学习的道路上，老师为我们付出了辛勤的汗水，可以说是呕心沥血。因此，在一些孩子的心中，认为读书学习就是为了老师，希望以此回报老师。

但是，我们有没有想过一个问题：父母和老师对我们的期待是什么？几乎所有的父母和老师都希望我们能够读好书，成为栋梁之材，应该没有一位父母或老师会说"你是为我读书的"。

所以，我们应该明白自己不是为了父母而读书，也不是为了老师而读书。那么，我们到底是为谁读书呢？确切地说，我们是在为自己读书。而事实上，我们为自己读书，读好书，才是父母、老师真正所希望看到的，才是对父母、老师最好的回报。

还有，在科学技术如此发达的当今社会，如果一个人没有一点科学知识，没有一技之长，很可能会寸步难行，甚至会被时代的浪潮淹没。通过读书学习，我们可以获得科学知识，能够掌握一门技能，而这些是将来的谋生之本。没有少年时代的刻苦读书，就没有充满阳光、欢乐、美好的明天。

无论我们将来想要成为什么样的人，想要选择什么样的道路，都不要成为现代文盲，而是要好好读书学习，用科学知识武装自己。那么，从这个意义上来说，我们就是在为自己读书。

意大利文艺复兴时期著名大师达·芬奇曾经说过这样一段话："趁年轻力壮去探求知识吧，你将弥补由于年老而带来的亏损。读书带来的智慧乃是老年的精神养料。年轻时应该努力，这样老时才不至于空虚。"

而目前的我们，总觉得读书是很漫长的，是件苦差事，有时候会对读书学习产生厌烦情绪。但是，我们有没有想过，如果我们年少时不努力读书学习，那么走上工作岗位的时候，甚至年老的时候，就会发现自己懂得太少了，常常会为知识的匮乏而懊悔当年读书时期的贪玩，才发现当时努力读书是多么的重要，但是到那时似乎已经没有时间和精力让自己读书充电了。

古语说得好："少壮不努力，老大徒伤悲。"年轻力壮的时候不奋发图强，到了一头白发的时候，悲伤难过也是徒劳，只能是懊悔一生。所以，我们应该珍惜少年时代的读书机会，好好读书，真正为自己读书。

孔子曰："古之学者为己，今之学者为人。"一般说"为己"好像就是自私的，而"为人"则是无私的。如果是从这个层面来看的话，那么后世的人求学问好像比古人更好，因为后世的人读书不为自己而为大家。

实则不然。这里所说的"为己"不是为了自己的功名利禄，而是为了提升自己的道德修养。现在的人读书则是为了装饰自己，为了彰显自己的才华给别人看，取悦于人或追名逐利，具有很强的功利性，这就是"今之学者为人"。

现在，很多人都希望自己读到硕士、博士，希望自己拥有高学历，将来找个好工作，最重要的是赚很多钱。这些都是为了满足自己的虚荣心，满足自己的功名利禄之心，并不是说为了提升自己的道德修养。

读书就是增长知识，增长智慧，但是知识和智慧要承载在德行的基础上才能发挥作用。我们虽然要为自己读书，但能不仅仅为了自己的前途，也不能为了自己的功名利禄，而要为了提高自己的德行而读书。所以，我们一定要把德行放在读书求知的首位。

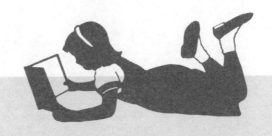

第二章
读书改变命运,学习成就未来

　　读书学习能够影响人的一生,是改变命运的第一推动力。因为,在读书学习中积累的知识、掌握的本领是未来成功的基础,是一生中最有价值的财富。读书能够照亮和指明前进的道路,能够鞭策我们不断前进,从而让我们的未来充满希望与美好。

第二章
读书改变命运，学习成就未来

读书让人有不断向上的力量

　　读书是最简单也是最直接的一种改变命运的方法。在青少年时代，世上似乎没有其他东西比读书更有魅力、更有力量的了。通过读书学习，我们可以获得不断向上的力量，而这股力量会激励自己不断前进、不断完善自我。

　　其实，读书本身没有什么力量，唯有将之化为行动，通过读书不断充实自己，才能产生巨大的力量，而这股力量是未来获得成功的基础。当然，成功并不是地位、权势、财富所能衡量的，只要我们能够最大限度地挖掘自身的潜能，努力实现自己的理想，不断提升自身的道德修养，就是一个成功者。

　　纵观世界各国，凡是崇尚读书、热爱学习的民族，必定是生命力顽强、积极向上的民族。比如，犹太人，一个曾经无寸土可居、在历史上饱受磨难和歧视的弱小民族，却能在亡国两千多年后重新复国，并迅速发展成为一个世界强国，何以会有如此大的力量呢？犹太人认为，这是他们酷爱读书的丰厚回报。

　　联合国教科文组织一项调查，结果显示：全世界年均阅读书籍量排名第一的是犹太人，他们年均每人阅读64本书。而在中国呢？上海排名第一，年均每人阅读8本书；中国13亿人口，2014年中国国民人均纸质图书阅读量为4.56本。

　　从阅读书籍这方面，我们就可以看出，犹太人是非常热爱读书学习的，而他们也正是通过读书学习改变了自己的命运，从而诞生了很多影响和改变人类发展历程的大师，如爱因斯坦、马克思、弗洛伊德、胡塞尔、毕加索、基辛格等。20世纪的100年中，世界上一共有680人获得诺贝尔奖，其中犹太人就占了152位，是获奖总数的22.35%。

犹太人不仅站在世界科学的最前沿，也掌控了世界经济的命脉，不仅有罗斯柴尔德、洛克菲勒、哈默等商业巨亨，还有巴菲特、索罗斯、格林斯潘等金融大鳄，更有格罗夫斯、鲍尔默、埃里森、戴尔等经济巨人。于是有这样一句话："世界的钱，装在美国人的口袋里；而美国人的钱，却装在犹太人的口袋里。"

一个仅占世界人口四百分之一的小小民族，却能在科学、经济方面取得如此大的成就，与他们热爱读书紧密相关。当然，对于我们每个人来说，亦是如此。我们可以通过读书学习获得不断向上的力量，而这股力量会让我们不甘于现状，进而改变自己的命运。

著名电影导演张艺谋曾经在农村插过队、当过国棉厂工人，但是他不想就这样浑浑噩噩过一辈子，便利用课余时间读书学习，后来觉得摄影不错，就买了照相机，看了很多摄影方面的书。高考恢复之后，他破格进入北京电影学院摄影系学习。

一般情况下，从摄影系毕业后都会分到电影厂，先做上若干年的摄影助理，之后才能成为独立掌机摄影师。但是，张艺谋觉得这不是自己想走的道路，便开始偷偷地学习，看一些导演方面的书，还尝试着写剧本，让导演系的同学给点评，这才使他以后由摄影转向了导演。

张艺谋认为，一个人必须有不断学习的精神、勤奋的态度和坚定的毅力，否则就会走进死胡同，拍不出好影片。

试想一下，如果张艺谋没有这种勤奋好学的精神，也许还是国棉厂的一名工人。可以说，是读书让他有了不甘落后、积极进取的力量，让他勇于改变自己的现状，并鞭策他成了著名电影导演。

古人云："学然后知不足。"没错，我们只有通过读书学习，才能知道自己知识的缺乏。那么，"知不足"之后应该怎么办呢？"知不足，然后能自反也",认识到了自己的不足,就要反过来要求自己,通过读书学习弥补不足,不断丰富自己的学识。其实,这就是一种让人不断向上的力量,而这股力量是由读书学习所激发出来的。

当然,我们不仅要从书本上学,还要向课外学,多到外面走一走,欣赏优美的自然风光和人文景观,了解历史、风土人情等,勇敢地去探索自己感兴趣的事情,正如我们常说的"读万卷书,行万里路"。在这个过程中,相信我们每个人都会拥有一种激励自己不断向上的力量。

书是我们的良师益友

想一想，在成长的道路上，我们得到过多少良师益友的帮助，有长辈，有老师，还有朋友、同学。此外，还有一位亦师亦友的"朋友"，它就是书籍。与书为伴，就犹如与知识为友，以智慧为师。

中国自古就有"读书破万卷，下笔如有神"之说；苏联文学巨匠高尔基也有一句我们再熟悉不过的至理名言——书籍是人类进步的阶梯；英国文学家莎士比亚把书比作营养品和阳光。

书籍是前人智慧、经验的结晶，是获得知识的源泉。读书决定了一个人的修养和境界，在知识的山峰上，登得越高，眼界就越宽，眼前展现出来的景色就越壮阔，这就好比是"站在巨人的肩膀上"。

通过读书学习，我们可以领略到不同的知识，不仅可以开阔眼界，丰富阅历，还可以陶冶情操，让生活充满色彩。从书籍中，我们还能及时发现自己身上的不足之处，从而不断改正错误、弥补不足，激励自己不断地成长，使自己变得更优秀。这样说，书就是我们的良师益友。

西汉时期，有一个叫匡衡的人。从小时候开始，他就非常喜欢读书，可是家里穷，他根本买不起书，只好借书来读。

同乡有一个大户人家，家里有很多藏书。于是，匡衡卷着铺盖来到这户人家，请求主人收留他，让他当佣人，不求得到什么报酬，只希望能读遍主人家的全部书籍。主人被他的好学精神打动，便答应借书给他看。

匡衡白天要干很多活，没有时间看书，便利用晚上的时间看一点书。可是，他又买不起点灯的油，天太黑了，就没有办法看书了。这样一来，一卷书常常要十天半个月才能读完。他觉得这是在浪费晚上的大好时光，既着急又难过。

匡衡的邻居是个有钱人，一到晚上，就会点上油灯，把屋子都照得通亮。有一天，匡衡对邻居说："我想晚上多看会儿书，可是买不起点灯的油，你看能不能借用你家的地方看书呢？"

邻居因为有钱而瞧不起穷苦人，便挖苦道："你都穷得买不起点灯的油了，还读什么书啊！"

听后，匡衡非常气愤，而这更坚定了他要好好读书的信心。

一天晚上，匡衡正在背诵白天读过的书，突然，他发现从东边的墙壁上透过来一小束亮光。他惊喜极了，走到墙边一看，原来从墙壁缝里透过来的是邻居的灯光。他便想了一个办法，用小刀悄悄地在墙上凿了一个小洞，这样，邻居家的灯光就从这个洞中透了过来，他借着这微弱的光线，如饥似渴地读起书来。

后来，匡衡成了一位知识渊博的学者，并做了汉元帝的丞相。

这个故事就是成语"凿壁偷光"的来历。匡衡要借助那么微弱的光线读书，也许在我们看来是一件苦差事，实则不然，他在读书中不会感受到"苦"，反而会体会到无穷的"乐"。正如《论语》开篇第一句所说的"学而时习之，不亦说乎"。

虽然匡衡读书学习的条件非常艰苦，但是这并没有阻碍他的求学之路。可见，学习成败的关键不在于外在的环境和条件，而在于是否愿意读书、是否拥有正确的学习态度和顽强的意志。

而我们现在拥有这么好的读书环境和条件，是否更应该勤奋好学呢？当然，我们不需要凿壁偷光了。但只要我们愿意与书为伴，把书当成自己的良师益友，把读书学习看成是一件既快乐又轻松的事情，就什么也难不倒我们，而且会收获颇丰。

一个人读书读得多了，自然就会受到书本的影响。当我们遇到困难、挫折的时候，可以用书中的内容开导自己、鼓励自己；当我们面对选择的时候，通过读书获得的认知会帮助我们更好地理解每一项选择，从而让我们做出更利于自己的选择。

古人说："三日不读书，便觉言语无味，面目可憎。"乍一听，觉得这句话说得很严重，只是三天没读书学习，至于这么严重吗？其实，仔细品味这句话，也的确有一番道理，就如我们常说的"学如逆水行舟，不进则退"。所以，读书学习贵在坚持，我们要始终与书为伴，好好学习，切记不可"三天打鱼，两天晒网"。

古今中外，很多名人都是爱书如命的人。

就如司马光，他在主持编纂《资治通鉴》的时候，翻阅了大量的古书，但是那些古书却完好如初，就好像没有被人翻阅过一样。

高尔基也是一个特别爱惜书籍的人，有一次，他的房间失火了，他先抢救的不是别的，而是书籍，为了救书，他还险些命丧火海。

我们既然要把书籍当成自己的良师益友，就一定要好好珍惜它、爱护它，把它当成宝贝一样。

掌握读书方法，磨刀不误砍柴工

很多时候，事情的成功与否不是看我们有多大的兴趣和热情，而是看我们用什么方法、用什么技巧。如果方法得当，往往就能达到事半功倍的效果；如果方法错了，那么花费再多的工夫和精力，最后都可能是"竹篮打水一场空"。

所谓"磨刀不误砍柴工"，说的便是这个道理。如果是在刀很钝的情况下砍柴，可能就会影响砍柴的速度和效率；如果不急于去砍柴，而是在砍柴前先花费一些时间磨磨刀，把刀磨快了，那么砍柴的速度和效率就会大大提高，砍同样的柴反而用时比钝刀少。

对于读书学习，也是同样的道理。如果我们没有掌握科学的读书方法，纵使有满腔的读书兴致、周密的读书计划，纵使付出再多的努力，恐怕也只能达到事倍功半的效果。而科学的读书方法就好比一把锋利的斧头，可以帮助我们战胜读书学习中遇到的各种困难，帮助我们又快又好地学习到更多的知识。

由此可见，读书是否有成效，不仅取决于读什么，更决定于怎样读。很多名人都有自己独特的读书方法，我们可以借鉴一下：

第一，鲁迅的读书"六法"。

鲁迅是中国现代文学的奠基人，他博览群书，形成了一套有自己特色的读书方法——读书"六法"。

一是多翻。不管手头上有什么书，都要拿过来翻一下，或者是读几页内容，这样既可以防止受到不良书籍的污染，还可以增长知识、开阔视野。

二是设问。每每读一本书的时候，都先大概了解一下书的内容，然后合上书，给自己提一些问题，自问自答，最后还要带着这些问题去细读全文。

三是跳读。在读书的过程中，如果遇到了难点，应该认真钻研直至弄懂；但是对于一时无法弄懂的难题，不妨暂时先跳过去，继续往下读，在读后面的内容时，没准就会搞明白前面遇到的难题了。

四是背书。鲁迅的背书方法有些与众不同，他制作了一张小巧精美的书签，上面写着"读书三到：心到、眼到、口到"10个字，他把书签夹在书中，每读一遍就盖住书签上的一个字，读了几遍之后，他就会默诵，以加强记忆。等到书签上的10个字都盖住了之后，也就把全书都背下来了。

五是剪报。鲁迅十分重视运用剪报这种方法积累资料，他的剪报册非常整齐，而且有严格的分类，每一页上都有批注。

六是重读。凡是读过的书籍，隔些日子，鲁迅就会重新读一读书中标记出来的重点，这样花费的时间不多，反而会有新的收获。

第二，毛泽东的"三复四温"式读书法。

毛泽东提倡读书要"三复四温"，他对于自己喜欢读的书，总是一遍又一遍地研读，一些重要的马列著作、党史类及文学类的著作，他更是反复研读。如《共产党宣言》他读了一百多遍；《联共（布）历史简明教程》他读了10遍以上；《红楼梦》他至少读过10种不同的版本；《史记》《资治通鉴》他通读过数遍。

每读一遍书，毛泽东都习惯性地在封面上画上一个圈做记号。毛泽东故居中的一些书籍上就保留着他读过三遍、四遍、五遍的圈记。有的书的页面上还留有红、蓝、黑各色笔记的圈画批注，这是他在不同时期读书时留下的笔迹。

第三，华罗庚的"厚薄"读书法。

华罗庚是靠自学成才的数学家，他的读书方法自然也有自己的独到之处。他把读书过程归结为"由薄到厚"与"由厚到薄"两个阶段。

读书的第一阶段是"由薄到厚"。读书要扎扎实实,每个知识点、概念、定理都要彻底搞明白;对于各章节内容都要做深入的探讨,在每一页上都添加注解,补充参考资料。这样一来,本来一本较薄的书就变厚了,而且是越读越厚。

读书的第二阶段是"由厚到薄"。有了第一阶段的基础,我们对书的内容就有了透彻的了解,然后要分析归纳,抓住全书的要点,把握整本书的精神实质,做到融会贯通。经过这样认真分析归纳,就会感觉真正需要记住的东西并不多,这时,读书就由厚变薄了,而且,越是懂得透彻,就越有薄的感觉。

第四,杨振宁的"渗透"读书法。

杨振宁是最早获得诺贝尔奖的华人,他提倡"渗透"读书法。他认为,知识都是互相渗透和扩展的,所以读书的方法也应该与之相适应。当我们正在专心学习一门课程或潜心钻研一个课题的时候,如果能有意识地触及临近的知识领域,很可能会得到意想不到的新发现。

对于那些相关专业的书籍,如果我们时间和精力允许的话,不妨经常拿出来读一读,即使暂时看不懂也没有关系,那些有价值的东西也许正产生于半通之中。杨振宁认为,采用"渗透"读书法,不仅会开阔视野,活跃思路,还能大大提高学习效率。

第五,余秋雨的"畏友"读书法。

散文家余秋雨提倡"畏友"读书法,所谓"畏友",顾名思义,就是让自己感到敬畏的朋友,而这里的"朋友"特指书籍。他认为,在读书的时候,应该选择一些稍稍高于自己阅读能力的书籍,这样一来,读书学习就变成了一种既亲切又需要花费不少脑力的进取性活动。

在我们的书架上,可能有适合不同阅读水平的书,而那些适于选作精读对象的书,不应该是我们可以俯视或平视的,而应该是那些需要我们仰视的。简单来说,我们应该尽量减少阅读一些与自己现有水平基本相当的书,而应该多读一些对自己的塑造与提升有帮助的好书。

　　读书方法虽然很多，但是我们切勿盲从，一定要从自己的实际情况出发，找到真正适合自己的读书方法，让自己从中受益。

不良书籍坚决不能碰

走进书店，面对琳琅满目、各种各样的书籍，你会如何选择呢？大部分孩子都会选择最近比较流行的，或者是自己喜欢看的，至于读的是什么样的书、这本书到底是不是适合自己看，都是无关紧要的了。

说到最近流行的书，那些悬疑惊悚类、魔幻仙侠类、科幻类、青春爱情小说类读物是首选，因为这些读物标题大胆、封面刺激，而且充斥着"鬼""穿越""暴力""情感"等内容，很是吸引眼球。

前段时间，一些同学开始轮流阅读一本悬疑惊悚类的图书，阴森冒烟的白骨、龇牙咧嘴的厉鬼……这些连大人看了都毛骨悚然的情景，却成了很多同学的口袋书。

有个叫秦朗的男孩看到周围同学都在看这本悬疑惊悚类图书，便也争抢着看，一开始，他也觉得害怕，但是越害怕越想看，在一次课堂上，他正在偷偷看书，老师发现后，悄悄地走到他身边，拍了一下他的肩膀，没想到，他吓得浑身哆嗦、脸色苍白。

此外，自从秦朗看了那本书，就变得胆小怕黑，吓得不敢走夜路，不敢半夜起来上卫生间，就连睡觉也要开着灯，睡觉的时候还会做噩梦，甚至大白天都不敢自己一个人在家，总感觉有幽灵跟着他，弄得他疑神疑鬼的。

看书本来是一件好事，但是由于看的是不良书籍，秦朗非但没有从中受益，反而受到了负面、消极的影响。更有甚者，因从小看一些不良书籍而走上了歧途。比如，有的书中讲到的哥们义气，就是吃喝玩乐、打架斗殴，有的孩子可能就会为了哥们义气而走上犯罪之路；还有的书中有暴力、情啊爱啊等内容，而这些内容就像是毒品一样，只会给我们的身心带来危害，甚至有的孩子出现早恋现象。

《弟子规》中讲道："非圣书，屏勿视，蔽聪明，坏心志。"对于一些影响身心健康的不良书籍，我们一定不要去看，否则会蒙蔽我们的聪明智慧，会污染我们的心灵，损坏我们的心志。

所以，我们要自觉抵制不良书籍的诱惑，读一些内容健康、积极、正面的书籍，树立正确的价值观、人生观。

第一，自觉抵制不良书籍的诱惑。

现在市面上流通的书籍五花八门，存在胡拼乱凑、粗制滥造、内容低俗等现象。我们正处在价值观、人生观形成的关键时期，而辨别是非善恶的能力较弱，好奇心和模仿能力强，所以很容易受到不良书籍的影响。

而一本不良书籍无异于一剂毒害心灵的毒药，将会严重危害我们的身心健康。俄国哲学家别林斯基就曾经说过："阅读一本不适合自己阅读的书，比不读还要坏。我们必须学会这样一种本领，选择最有价值、最适合自己所需要的读物。"所以，我们要防患于未然，自觉抵制不良书籍的诱惑，做到不买、不看、不传。

第二，选择喜欢看且有益的书籍。

那么，我们应该如何选择阅读的书籍呢？可以遵循两个原则：一是喜欢看的；二是有益的。

读书的前提就是感兴趣，就是喜欢看，如果我们选择了一本有益的书籍，却不是自己喜欢看的，那么就很难看进去，自然也无法从中获益。所以，我们要选择自己喜欢看的书籍，这样才有读下去的兴致。

在喜欢看的基础上，选择一些有益的书籍。何谓有益的书籍呢？就是真正利于我们健康成长的书籍，举例来说，可以读一些童话类书籍，如《安徒生童话》《格林童话》《一千零一夜》等；读一些中外经典名著，如《弟子规》《三字经》《道德经》《假如给我三天光明》《爱的教育》《小王子》

等；还可以读一些自然科普类书籍。另外，学校一般会给我们推荐一些阅读书目，可以多读一下。

第三，选择适合我们年龄、阅读水平的书籍。

在选择看什么样的书籍时，一定要考虑自己的年龄、阅读水平。如此，才能引起我们的共鸣，唤起我们阅读的兴趣，让我们在阅读中得到快乐。

正处于小学低年级阶段的同学，识字量和阅读水平有限，就可以选择一些图文并茂、浅显易懂的书籍，这样既可以提高对阅读的兴趣，也可以锻炼阅读能力和理解能力。随着我们各方面能力的增强，就可以选择一些内容较为丰富的，有一定深度和广度的书籍来阅读。

第四，支持正版，坚决不买盗版书。

学校旁边有一个小书店，经常出售低价的盗版书，有个男孩很喜欢看书，觉得盗版书便宜，就经常买盗版书。一段时间之后，他的写作能力稳步提升了，但是错别字却越来越多。后来，父母和老师才明白这一切都是盗版书惹的祸。

现在的图书质量良莠不齐，尤其是学校周边的小书店、路边摊出售的书籍，大多数都是盗版书，还有一些胡拼乱凑的假书。这些书印刷装订粗劣，随处可见错别字，有的还出现明显的常识错误；这些书内容低俗，甚至有暴力、色情等不健康的内容。如果我们经常阅读这类图书，势必会被误导。所以，我们坚决反对盗版，尽量不在路边摊买书，而是到正规书店或网店购买正版图书。

多阅读一些经典名著与名人传记

书籍是人类智慧的结晶，尤其是经典名著与名人传记，它们是一些经过时间考验、有典范性、经久不衰的万世之作，就好比一座座宝藏，可以使人获得取之不尽、用之不竭的精神营养源，而且越读越能感受到它们经久不息、历久弥新的文化魅力。

希腊哲学家苏格拉底说过这样一句话："真正高明的人，就是能够借助别人的智慧，来使自己不受别人蒙蔽的人。"那么，我们要如何借助别人的智慧呢？读书，尤其是读一些经典名著与名人传记，就是最好的方式。

想想看，通过读书，我们可以结识到古今中外的所有伟人、大师，阅读他们所写的书籍，阅读他们的生平事迹，就可以感受到他们为人处世的人生智慧，那么当自己遇到一些问题的时候，就可以借助他们的智慧来解决。

然而，在这个忙碌、浮躁、功利化的当今社会，已经很少有人能静下心来读一读经典名著或名人传记了。对于我们来说，经典名著或名人传记远不如漫画书、网络小说吸引眼球，远不如教辅书来得实际。

我们不爱读经典名著或名人传记，究其原因，无非就4个：这类书籍的内容非常枯燥，故事性也不强，所以兴趣不大；它们离现实生活太遥远，不能带来立竿见影的实效，所以不愿意读；与其读这一类书籍，还不如看翻拍的电视剧有意思；即便读了，往往也会遇到阅读障碍，读不懂其中的意味，便觉得索然无味，勉强读几页便束之高阁了。

有的经典名著初读起来的确有些枯燥无味，也许会读不懂，但是只要深入其中，就会发现它们的奇妙之处。它们虽然离现实生活比较久远了，但是一些做人的道理却是相通的。看电视剧虽然有趣，但是远不如读书能带给我们更多的想象空间，让我们感受最原本的文化魅力。

德国哲学家叔本华曾经说："不论何时，凡为大多数读者所欢迎的书，切勿贸然拿来读……不如用宝贵的时间专门读伟人已有定评的名著，只有这些书才是开卷有益的。"所以，我们要留出一定的时间，多阅读经典名著与名人传记。

第一，要多读一些经典名著。

何谓经典？经典就是具有典范性、权威性的作品或著作，是经过历史选择出来的最有价值的书籍。经典之所以称为经典，就在于它有重要的思想文化价值，代表了一个时代人类思想所能够达到的最高峰。

阅读一些经典名著，看到的是世间最有智慧的文字，听取的是伟人、名人的教诲，不仅可以引导我们明辨是非善恶，增长我们的人生智慧，还可以丰富我们的精神世界，提高我们的文化修养。

那么，我们要阅读哪些经典名著呢？

关于书籍的选择，既可以是中华传统经典，如"三百千"（《三字经》《百家姓》《千字文》）、"四书"（《论语》《大学》《中庸》《孟子》）、"五经"（《诗经》《尚书》《礼记》《易经》《春秋》）、《弟子规》、《道德经》、《黄帝内经》、《了凡四训》、《朱子治家格言》等，开始可能读不懂，没关系，坚持每天诵读20分钟，慢慢地，就能熟读成诵，"其义自见"，从而领会其中的智慧，这些智慧会让我们终身受益；也可以是国外经典，如《圣经》《莎士比亚十四行诗》《仲夏夜之梦》等；抑或是中外文学名著，如《西游记》《水浒传》《朝花夕拾》《安徒生童话》《伊索寓言》《假如给我三天光明》《童年》《钢铁是怎样炼成的》等。

切记，我们阅读经典名著的目的，绝不是成为一个上知天文、下知地理的小学者，而是感受博大精深的中外文化，领悟书中蕴藏的真理，借助其中的人生智慧，并将经典中的教诲运用到现实生活中，让自己真正受益。这一点，怎么强调都不为过。

第二，要多读一些名人传记。

不管是中国还是外国，每个年代都会出现一些伟人、名人，他们的故事影响着、激励着一代又一代的人，而要从他们身上汲取精神力量的最好方法莫过于阅读他们的传记。因为，阅读名人传记，可以看到他们一生奋争前行的足迹。

阅读一些名人传记，就好比是与名人进行心灵的对话，他们用无声的语言向我们传递着一个个信息：如何做人、如何学习、如何生活、如何取舍、如何为人处世……这不是啰唆的说教，而是心灵的互相感应。

我们可以根据自己的喜好来选择阅读名人传记，也可以随机阅读，比如，我们学到了一篇课文是关于周恩来总理的，就可以读一读《周恩来传》；最近读了一则关于印度圣雄甘地的故事，就可以借此机会读一读《甘地传》。

通过阅读这些名人传记，我们可以从他们的生活经历中汲取养分，获得一些对人生的感悟与启示，可以利用他们已积累的经验教训，让我们从无知变得有知，激励我们努力学习、不断进步，让我们少走一些弯路。

当我们遇到挫折、困难的时候，遇到不如意的事情时，想一想读过的那些名人传记，他们曾遭受了怎样的风雨，曾吃尽了多少的苦痛，而我们遇到的这点困难又算得了什么呢？如此就可以从他们身上汲取力量，然后鼓足勇气去面对所有的一切。

养成读书的好习惯

什么是教育？著名教育家叶圣陶给出了这样的回答："什么是教育？简单一句话，就是养成良好的习惯。"习惯是长期形成的一种思维方式，经常听到父母、老师这样对我们讲"要养成……的好习惯"。一个好的习惯并非一朝一夕就能养成的，但好习惯是开启成功的钥匙。

如果一个人能够养成读书的好习惯，那么将会影响他的一生。古今中外，但凡那些有所成就的人，无不重视读书学习，他们肯花时间认认真真地读书，从书中汲取养分，不断完善自我。

如今，在这个极速发展的时代，我们每天都可以从各种渠道获得海量的信息，似乎一切知识都唾手可得。而与此同时，读书学习也迈入了碎片化时代。于很多人而言，网络阅读代替了纸质阅读，在公交车上、地铁上，行色匆匆的人群中，处处可见"低头族"。

而且，越来越多的人愿意把宝贵的时间耗在玩游戏、聊八卦上，却不愿花时间认真地读几本好书。如此一来，读书渐渐变成了一种被动行为，我们自然也难以体会到读书学习的无穷乐趣。

郭敬明，大家应该都不陌生。如今的他有很多身份，但是他不管多忙，每天都会抽出固定的时间读书，因为他是个爱读书的人，而且喜欢读各种各样的书。他说，他更多享受于书本带给自己的自在心情，他觉得读书是自己生命的一种状态，一种飞行的状态。

读书会给自己带来诸多益处，但并不是每一次的读书都能带来立竿见影的效果，如果一个人在读书的时候总是一曝十寒，是不会取得好效果的。要知道，读书需要时间的投入和量的积累。所以，我们要养成读书的好习惯。

第一，每天抽出固定的时间读书。

无论多忙，我们每天都应该有固定的读书时间，哪怕只有15分钟，这是无论发生什么事情都不会受到影响的时间。这是一个良好的开端，我们要做的就是坚持下来，养成每日读书的好习惯。

千万不要小看这15分钟。如果每天都能抽出15分钟读书，那么我们就有可能在一个月之内读完一本书，一年下来就是12本书，十年之后就是120本书。只要坚持读书，日后必然会有收获。想想看，还有什么事情能够花费的时间这么少而能够得到如此多的回报呢？

有的孩子会说："我每天都很忙，真的没时间来读书。"其实这都是无稽之谈。只要我们愿意读书，时间就可以挤出来。比如，早晨不睡懒觉，早起一会儿，就会有15分钟的读书时间；晚上睡觉前，不看电视，不玩游戏，就会有15分钟的时间读读书。

还有，无论走到哪里，都随身携带一本书，在等人的时候，在排队的时候，在候车的时候，都可以拿出书来读一读。如果我们能够把这些边角料的时间都利用起来，收获也是非常可观的。

总之，我们要时刻告诉自己，看一看那些以前买了却从未读过的书，享受于书籍带给自己的那份愉悦、充实。要不断提醒自己，每天都要抽出固定的时间读书，并坚持下去。

第二，读书法，有三到。

《弟子规》中说："读书法，有三到，心眼口，信皆要。"意思是说，读书学习需要掌握三个要领：心到、眼到、口到。

我们在读书学习的时候，可以运用"三到"原理：要用心记，把心思全部用在读书上，不要想与读书无关的事情；眼睛要看着书本，不可以东张西望；嘴巴要出声，这样可以克服"眼睛串行"与"心神涣散"的情况。

需要注意的是，出声朗读并非一定要大声朗读，而是要根据阅读内容的不同，根据场合的不同，决定是否出声朗读及音量的大小。

总之，在读书的时候，哪怕只有15分钟，也要静下心来好好读书，充分调动多种感官，这样才能达到最佳的读书状态，使这15分钟发挥最大的效用。

第三，不动笔墨不读书。

俗话说："最淡的墨水，也胜过最强的记忆。""不动笔墨不读书。"在读书的过程中记笔记，不仅可以帮助我们记录下书籍中的精华，加深对书籍的理解，还可以有效提高读书质量，提高写作能力。

列夫·托尔斯泰是19世纪末20世纪初最伟大的文学家，他无论走到哪里，身边永远都会带着两样东西——铅笔和笔记本，在读书或与人交谈的时候，只要碰到美妙的话语，他都要把它记下来。

我们也要养成这样的读书习惯，走到哪里都带着笔和本子，记录下看到的一切美好。具体来说，可以从以下几个方面来做：

其一，摘录式笔记。在读书时发现了好词佳句，或者是精彩的、有意义的、富有哲理的段落，就及时摘录下来。

其二，随感式笔记。可以一边读书，一边把文章的重点、感触最深的地方标记出来，在空白处写下自己的感受，或者是在自己不懂的地方标记一个小问号，写下自己的疑问，以便日后请教父母或老师。

其三，读后感式笔记。每读完一本书之后，就可以联系自己的实际情况，把自己的收获、体会、心得、感想等写下来。

如此，几个月之后，或者是几年之后，再回过头来看看自己当初所写的笔记，回顾自己的读书经历，绝对是一种难得的体验。

学了不用，是一种浪费

学习，虽然只是一个简单的词汇，但是意义非凡。一个人要想学业有成，就要在学中习，在习中学。学和习是相辅相成的，既要学，也要习。所谓"习"，通俗来说就是用。如果学了不用，无疑是一种浪费，学也变得毫无价值。

如今，唯分数是从，直接导致的恶果就是学用分离，无论是学什么，都希望用最短的时间把它们学好，只是为了应付考试，可以取得高分，结果，学习变成了只追求速度而忽略质量，虽然在短时间内学到了很多知识，但是所学的只是很肤浅的知识而已，根本没有吸收到它们的精华之处。可以说，这就是一种死读书。

十几年寒窗，虽说是装了一肚子的知识，但是无法将所学的知识运用到生活中，不会收拾房间，不会洗衣服，不知道如何与人交往，面对选择不知所措，遇到挫折一蹶不振，看到机会不懂得争取……那么，这样的学习又有何意义呢？

曾经有个男孩被誉为"东方神童"，他叫魏永康。他在两岁的时候，就掌握了1000多个汉字；4岁时，就基本学完了初中阶段的课程；13岁时，以高分考入了湘潭大学物理系；17岁时，考入了中科院高能物理研究所硕博连读研究生。然而，他却因生活自理能力太差、知识结构不适应中科院的研究模式而被迫退学。

一个专业的高才生，为何会沦落到被退学的境地呢？究其原因，是他只知道死学书本知识，而不知道如何照顾自己的生活，进而阻碍了他的求学之路。可见，学了不用是没有任何意义的，反而会成为成长路上的绊脚石。

事实上，"学"和"习"是缺一不可的，光学不用只是空想的"寒号鸟"，而光用不学就是无知的"井底蛙"。

所以，我们要将"学"和"习"结合起来，既要认真地"学"，也要用心的"习"，我们"习"得越彻底，就越能深入理解"学"，而对"学"理解得越深入，就越能更到位地"习"。如此，我们便能真正感受到学习的快乐，正所谓"学而时习之，不亦说乎"。

其实，知识只有在被激活、被运用的时候才能体现出应用的价值。举个例子说，我们学习的英文日常用语本身并没有价值，只有在与外国人进行交流时，才有用武之地，才能彰显出它的价值。

所以说，我们不光要学习这些静态的知识，更要把这些静态的知识运用到动态的情境中，真正做到学以致用，这才是真正的学习。

南宋诗人陆游在一首教子诗《冬夜读书示子聿》中有这样一句诗："纸上得来终觉浅，绝知此事要躬行。"从书本中得到的知识终归是浅显的，要想真正认识事物的本质，弄明白其中的深意，还必须自己亲身的实践。

无论是语文、数学，还是自然、物理，我们所学的知识都能随时应用到生活中。而只有将理论与实践相结合，才能把书本上的知识变成自己的实际本领，才能体会到学习的乐趣，由此越发愿意学习。

晚饭后，美美自告奋勇去洗碗，她把碗全部放到水盆里，然后打开水龙头，拿着洗碗布认真地洗着碗。慢慢地，水盆里的水已经满了，然后向池子里溢出，由于水盆压住了池子的排水口，池子的水无法排出去，结果等到她把碗洗完的时候，池子的水也快满了。

美美洗完了碗，打算将水盆从池子里拿出来，可是费了九牛二虎之力，也没能抬动水盆。一开始，她以为是水盆的水太多了，于是，她就用舀子把水盆里的水全部舀了出来。可是，无论她怎么使劲，水盆就是纹丝不动。她不免有些费解：水盆里什么都没有，为什么还是抬不起来呢？

猛然间，美美想到了刚学到的关于水压的知识，她意识到，这一切都是水压在作怪。于是，她改变了策略，不是蛮干，而是慢慢地挪水盆，这样水压就一点点儿没了，她轻而易举地将盆拿了出来。

除了所学的知识，还有一些人生哲理，往往都是自己亲身经历了，碰过壁了，吃过苦头了，走过弯路了，才能真正体会到其中的意味。所以，我们不能满足于字面上的明白，而是要注重实践，在实践中得到真实的体验。

总之，对于读书学习，我们不仅要学会、弄懂，还要会用，要把学到的知识运用到实践当中，在实践中巩固所学的知识，要把学到的道理落实到日常生活中，在生活中体悟不平凡的人生真谛。

第三章

志当存高远,读书先立志

读书为什么?少年时的周恩来总理说"为中华之崛起而读书",而书中的那些道理果然在日后也成了周总理工作的好助手。这就是说,读书前若是有高远的志向,不仅会让当下的读书时间变得更有意义,书中的那些知识道理也将在未来成为我们工作中的助力。

做事之前先立志，读书也是如此

做事之前总是要立个志的，不然做事是为了什么呢？不然做事又有什么意义呢？而立了志向，就意味着做事有了目标，同时做事也就有了最直接的方向性，而在接下来的做事过程中，也就保证了不会跑偏、不会盲目。显然，做事之前先立志，就是做事成功的最基础的基础。

那么，读书呢？不用怀疑，读书也同样是如此。读书为了什么？我们总该有个志向，如此就不会让这书读得莫名其妙；要读到怎样的程度？也应该有个志向，否则看几眼就放下了，学几天就放弃了，这也是不行的；至于说要怎么读，立个志向也是没问题的，拥有一个好的读书过程，最终才会取得令人满意的结果。

所以，做事前要立志，读书前也最好立个志，至于说这个志向如何立，那就要看我们自己了。

清朝咸丰年间，武官张曜因为抵抗农民起义军有功，获得了朝廷的青睐，不仅加官晋爵，还屡次得到提拔，最终晋升为河南布政使。可是，别看张曜在战场上战功赫赫，他也有自己的"短板"，因为自幼不爱学习，他肚子里一点墨水都没有，就是个"大老粗"。

因为没有学识，张曜没少受朝臣们的歧视，甚至被御史以"目不识丁"为由参了一本，说是"布政使这个职位，是管理全省民政与财政的最高官员，怎么能让一个大老粗来管理呢？"皇帝考虑再三，准了这一本。结果平定起义军有功的张曜，就因为没学问，由二品的河南布政使降为了无品级的

第三章
志当存高远，读书先立志

总兵。

经此一事，张曜立志一定要好好读书，让自己成为一个能文能武的好官。

张曜的妻子是个很有学识的人，所以张曜便请妻子教他念书。妻子也没客气，要求张曜行拜师之礼，恭恭敬敬地学才行。为了能学到知识，张曜满口答应了妻子的要求，三拜九叩拜妻子为老师。

从那以后，张曜的生活变得更加忙碌了，每天除了处理公事之外，就是回家和妻子学经读史。不仅如此，张曜还请人刻了一方印章，刻上"目不识丁"的字样，并每天都将这枚印章带在身上，以示警醒。

如此几年之后，勤奋的张曜果然在学问上有了大长进。后来他调任山东做了巡抚，又有人以"目不识丁"弹劾他，这回他没再感到汗颜，而是胸有成竹地上书请皇帝面试。面试的结果让皇帝和满朝文武大臣对他刮目相看。原本就有武力，现在又有了学问，张曜终于得以大施拳脚，筑河堤、修道路、开厂局、精制造……为国为民，张曜出了不少力。

张曜的勤奋好学，让皇帝深受感动，张曜百年之后，皇帝更是怜惜他这个人才的离去，特赐他谥号"勤果"，以表彰他的勤奋好学。

张曜开始读书的时间看似晚了一些，但这并不影响他最终的成才，原因何在？就在于他立了一个坚定不移的志向，那就是"发奋读书，要成为一个能文能武的好官"。这个志向让他不再如小时候那般顽劣不爱读书，这个志向也让他在当时的年代背景下不惜拜妻子为师，而这个志向也同样让他甘愿将所有公务之外的时间都利用起来。

可见，志向对读书的引导作用真是太令人惊奇了，它居然可以让一个人发生如此大的变化。那么正处于青春年少的我们，也来立一个志向吧！

读书立志，对于我们每个人来说都是重要的，别再觉得读书就是为了给爸爸妈妈看，也别认为好好学习就只是为了让老师喜欢，我们读书学习的志向理应更正式，也更值得为之奋斗。

再想想看，自己上学读书是为了什么呢？

如果你曾经有志向，这个志向是正向的、积极的、健康的，那就好好地呵护好这个志向，即便是遇到困难、遭遇障碍，也别轻易放弃，只要有志向，我们就总能找到前进的方向。

如果一开始读书就只是"到了年纪就去上学了"，没有什么特殊志向，那不如现在就好好考虑一下，想想自己想要成为怎样的人，思考将来自己想做怎样的事，就算是想要在毕业后学到哪些知识，这也同样是一种志向。

好好想一想，多方考虑一下，和爸爸妈妈一起讨论讨论，要读书还是应该有个明确的志向的，这样读书学习就是值得的。

眼光决定格局，目标要远大

"站得高看得远"这个道理，不只是在实际生活中有效，在立志方面也同样有效。越是远大的志向，越会"精致"地促使人去学习，因为只有更努力，才有可能让这个志向变成现实，而且远大的目标也会激励着我们不抛弃、不放弃。也就是说，我们的眼光将决定自己未来的格局，拥有远大的奋斗目标，当下的读书学习才会显得更有意义。

林则徐，清代著名的政治家、思想家和诗人，也是著名的民族英雄。他之所以能有如此高的成就，得益于他小时候读书时立下的远大志向。

小时候的林则徐颇有天资，父亲林宾日在他4岁时便将他带到了自己教书的私塾，小小年纪的林则徐自此开始了读书生涯。

林则徐学起知识来非常快，反应也很机敏。

有一次，有文人来拜访林宾日，出了一副对联来求对，文人说："我这上联是'鸭母无鞋光洗脚'。"林宾日还没有开口，一旁玩耍的小林则徐却已经抢先对出了下联，他喊道："鸡公有髻不梳头。"文人听了颇为惊讶，这个下联对得实在是巧妙，他也忍不住点头称赞。

还有一次，父亲带着林则徐和私塾的同学们爬到了海边的山崖上，随即出题说："我们站在这山上看大海，你们每人做一副对联出来吧，要求上下联中分别要含有'海'字和'山'字。"当时年龄最小的林则徐，在父亲的话音刚落后，便立刻说道："海到无边天作岸，山登绝顶我为峰。"

这一副对联，将少年林则徐的非凡才气和远大志向都表现得淋漓尽致，父亲和同学们都忍不住称赞和佩服。立下了这样远大的志向，林则徐也没有只说空话，在私塾学堂中学习更刻苦了，还经常以佳作获得学堂的奖学金。

远大志向加上刻苦努力，这就使得林则徐日后成就一番事业成了可能。而他的故事是不是对我们也有所启发呢？如果我们从小也能将眼光放得远一些，也能如林则徐这般志向高远，那么相信我们未来的路也会更加明朗。

可能有人会怀疑这一点，相信很多孩子小时候都说过这样的话"长大了我要……"，这其实就是志向，但更多的人只是将这样的话说说而已，却并没有将其当成是志向去对待，因此也就错失了好好发展志向的机会。

来看看美国第28任总统托马斯·伍德罗·威尔逊少年时期的做法吧！

少年时的威尔逊非常崇拜颇具言说才能的英国著名政治家威廉·格莱斯顿，他还经常模仿格莱斯顿的言说风格去与他人进行辩论，在学校里他也会尽力争取参加每一场辩论会，以锻炼自己的辩论才能。

父母对威尔逊的期望并不高，只是希望他做一名牧师，可是威尔逊却立志要成为一名优秀的政治家。为了更贴近政治家，他还将格莱斯顿的照片以及其他一些政治家的照片都挂在了自己房间的墙壁上，没事就看一看，幻想一下，还会模仿他们的动作、模拟演讲。

有一天，父亲发现威尔逊在家里忙着折腾一堆小卡片，他走近一看，忍不住惊讶地问道："你这是在给自己做名片吗？"

威尔逊很肯定地回答："是的，父亲。"

父亲拿起一张已经做好的名片继续问："你给自己做名片有什么用吗？"

威尔逊的回答依旧毫不犹豫："当然有用，我要让人们知道我的志向！"

父亲疑惑不解，但当看清楚名片上的头衔时，他大吃一惊，因为威尔逊名片上的头衔赫然写着"佐治亚州参议员"。

看着父亲诧异的表情，威尔逊颇为自信地说："您没看错父亲，我将来会成为参议员的。"

父亲吃惊于他的志向，忍不住说："等你将来成为参议员之后再做名片也不迟吧？"

威尔逊却异常坚定地摇了摇头说:"不!父亲。我现在就要让大家看到我的志向与决心!"

威尔逊的志向着实远大,在旁人看来,这也许就像是一个少年的"痴人说梦",但是他却很坚定,自己就给自己定下了一个高远的目标,这个志向显然也为他日后的努力奋斗注足了动力,经过不懈的努力,长大后的他也真的圆了儿时的这个梦,不仅如此,他还相当于"超额"实现了这个志向,因为最终他成了美国的最高级别政治家——总统。

谁说小时候的高远志向就是随口说说的呢?像林则徐那样,像威尔逊那样,提早为自己的成长之路规划好远大蓝图,为自己的成长从一开始就确定高标准,这也是一件振奋己心的事,不是吗?

所以,别再犹豫了,别再看低自己了,小时候的我们有怎样的志向?别害羞,大声说出来,也可以像威尔逊这样写出来,别觉得那个梦太遥远,写下来就代表我们成长的路上树立好了明亮的地标,只要向着这最明亮的地方奔跑,总有一天我们也会迎来让自己惊喜的未来。

目标立定，脚下的路要踏实走

确定了目标，是不是一切就算是万事大吉了？是不是只要志向远大，未来就一定没问题？不是！梦想与现实中间，还隔着一条路，这条路有时候会显得很长，有时候又会显得很短。什么时候很长？当我们只是梦想却没有行动的时候。那要想变短怎么办？当然是坚定地上路、踏实地前行了。

苏轼是北宋时期杰出的文学家，他的父亲苏洵是"唐宋八大家"之一，母亲也颇有文化教养，还是他的启蒙老师，再加上苏家藏书众多，所以在家庭影响与父母熏陶之下，苏轼很小就开始读书了，到了7岁时他就已经看了很多书了，而10岁时他已经可以下笔成文了，亲朋好友对这个颇有学习天分的孩子夸赞不已。

少年苏轼觉得很骄傲，自家藏书已经包罗万象，而自己已经全都读过，亲朋好友对自己的学问也赞不绝口，那自己也可算得上"才高八斗，学富五车"了。于是有一天，他自信满满地在自家的门口贴上了一副对联："识遍天下字，读尽人间书。"

对联贴上没几天，苏家来了一位白发苍苍的老者，说是要向少年苏轼求教。老者拿出一本古书，请苏轼为他诵读，苏轼接过书翻开一看，他竟从未见过这本书，别说读了，书上很多字他都不认识。由此苏轼羞愧不已，在做学问这条路上，真是人外有人，天外有天，自己那副对联真是羞煞人也。

老者走后，苏轼暗自下定决心，一定要做一个真正有学问的人。于是他改了原来那副自大得无边的对联，在上下联上各加上了两个字，改为"发奋

第三章
志当存高远，读书先立志

识遍天下字，立志读尽人间书"。

从那以后，苏轼比之前更加刻苦努力地学习，不仅博览群书，还颇为注重实践，更注意在生活中活学活用学到的知识。就这样，苏轼带着他远大的志向一边在书海中畅游，一边在名山大川间游历，他将自己的感悟写成千古文章，最终成了一代文豪。

苏轼身上有几个颇为明显的优点是值得我们学习的，首先他好学，小小年纪就将家中藏书尽数读完，也着实是个了不起的成绩；其次他知道自我反省，错了就是错了，不逃避、不掩饰，并由此更加发奋，这是难得的好品质；最后也是最重要的，他懂得立志，更懂得立志后要刻苦努力，这一点显然是他最终成就一番事业的重要前提。

立志容易，若是想让这个志向真正实现，却并不是两片嘴唇一碰那么简单的。因为目标一旦立定，接下来就只有刻苦努力，只有踏实地走好脚下的路，才有可能让志向变成现实。否则，我们的志向就只是一个笑话。

有一个孩子，在玩耍的路上捡到一枚鸡蛋，带回家后他开始幻想如果这枚鸡蛋可以孵出小鸡，那么小鸡长大后就能下更多的蛋，然后孵出更多的鸡，鸡再生蛋，蛋再生鸡，如此反复，他岂不是很快就能成为一家养鸡场的老板？一想到自己日后可以家财万贯的样子，孩子忍不住笑出声来。

爸爸被他的笑声吸引，问他在干什么，他不耐烦地说："别打搅我，我在给我的养鸡场数钱。"爸爸疑惑不解，男孩便滔滔不绝地介绍起了他的养鸡场。了解情况之后，爸爸只说了一句话："这个蛋，你都没想着要怎么把它孵出来，从一开始就只是幻想，你的养鸡场在哪里呢？"

这个孩子的志向不可谓不壮观，但明显只是幻想，他也就只能因为幻想而开心罢了。所以，有志向还必须要有想要努力并且能够真正努力的意识。沿着志向之路踏实地迈步吧！

那么具体该怎么走？既然有了志向，就给自己列个奋斗计划吧，规划一下我们都将做哪些事情，或者按照不同时间段来设定几个攀登台阶，也就是将一个大目标分解为几个小目标,这样会缓解较远的目标所带来的压迫感。而且,小目标相对来说也更容易实现,也会让我们更快体会到成功感,从而为未来的努力带来更大的动力。

好高骛远只会一败涂地

好高骛远，比喻不切实际地追求过高过远的目标。看到这个词语的解释，是不是有人开始担心："我不能树立什么太远大的志向吧？不然岂不成了不切实际？岂不就是在追求过高过远的目标吗？"

其实不要担心这一点，因为这里我们所要了解的，是这样一层含义：对于每个孩子来说，那些"等长大了我要……"的志向都是又高又远的，而为了实现它，我们必须要努力，而且还要从基础开始做起，也就是说一切都该从基础去一点点积累，而不能想要一步登天，否则便是好高骛远。

但是，我们中的很多人一定都抱怨过现在的学习太累，抱怨过怎么自己还不长大。这种抱怨也是正常的，谁都想要更快地成功，欧洲文艺复兴时期著名画家达·芬奇也不例外，他也抱怨过，那么他又是怎么应对的呢？

达·芬奇小时候学习绘画时，老师要求他不停地画鸡蛋、画苹果，今天画了明天画，好不容易画完了一摞纸又要再画一摞纸。达·芬奇渐渐地不耐烦了，他觉得老师是在糊弄他，并没有教他什么炫酷的画技，却只是让他不停地画圈。

面对达·芬奇的抱怨，老师却没有恼怒，而是这样说："你以为画鸡蛋很简单吗？世上从来不会有两只形状完全相同的鸡蛋，你每画一只鸡蛋都是全新的绘画对象。而且，就算是同一只鸡蛋，只要换一个角度去看它，它在你眼中的样子就立刻不同了，不管是头抬高一点还是眼睛看低一点，鸡蛋的轮廓、阴影都将产生巨大的差异。如果想要把这些差异在纸上准确地画出来，可是需要下一番苦功的。让你画鸡蛋，就是要训练你的眼睛可以更好地观察形象；就是为了训练你的手到时候可以随心所欲地将事物表现出来。等到什么时候你能手眼一致了，那么不管再画什么形象，相信你都可以应付自如。现在的画鸡蛋，可是你未来绘画的基础，基础可是必须要打好的啊！"

这一番话让达·芬奇瞬间领悟到老师的良苦用心，从那之后，他不再抱怨连连，而是认真地画着一个又一个鸡蛋，而且脚踏实地地画，不再多想其他高超的画技。最终，他将自己的绘画技术练得炉火纯青，这才画出了《蒙娜丽莎》《最后的晚餐》这样的绝世名作，并在诸多艺术创作上取得了丰硕的成果。

达·芬奇画蛋的故事也算得上是人尽皆知，可这并不是个例，如果有人认为，这是个独特的练习基础的故事，那就真是少见多怪了，因为我国唐代时期的著名画家、被称为"画圣"的吴道子，也和达·芬奇有过类似的经历。

吴道子12岁开始学画，传说他最初学习绘画的时候，也是被要求画鸡蛋，画得多了，他的手已经形成了习惯，待到日后画起圆圈来，哪怕是信手挥笔，那圆圈也圆得好像现在我们用圆规画出来的一样，看过他作画的人无不惊叹称奇。

达·芬奇和吴道子的故事说明了什么？其中之意已经不言而喻了吧！

纵使我们有再高远的志向，但若想实现它，也该从基础开始，不要盲目地追求什么高超的技巧，反倒是最基础的东西才是搭建通往高远志向的阶梯的基石。

就好比盖房子，只是幻想着要盖多么富丽堂皇、多么高耸入云是不行的，如果没有深厚的地基，没有夯实的基础，别说盖不起高楼，就算盖起来了这楼也是摇摇欲坠，要不就是瞬间崩塌。

所以，即便要行千里，也该自足下始，这样的道理放之四海而皆准，越是脚踏实地地一步步努力，也就越能更快地前行，从而更接近志向实现的那一天。

那么，当有了一定的基础之后，我们是不是就可以放开手脚了？尽情迈大步也没问题了吧？可不是那么简单啊！

　　曾经有一些很有经验的作家是这样说的："我们每天都得写一些东西，这样才不至于让手中的笔变得荒疏。每天是一定要写上两个小时的，如果不是在写作品需要的材料，那就是写读书笔记，或者写写书信，哪怕是描绘窗外的风景，怎么着也得写点什么。虽然不一定要发表这些东西，但是经常动笔，才不至于生疏，等到了真正要写作的时候，才能挥洒自如。"

　　这就是说，不管到了什么时候，基础都是不能丢的，别眼高手低地认为自己已经可以了，我们还差得远，在学习的道路上，我们永远都只是小学生而已，就算学了些知识，也别认为自己了不起了，踏实地将基础琢磨透彻并运用熟练，是我们学习的最根本要求。

你想成为哪种人？抉择很重要

"你想成为哪种人呢？"对于这个问题，你好好想过吗？既然问的是"哪种"，那这里就涉及了一个选择的问题。

对于每个人的人生来说，抉择都是无比重要的，因为人生充满了无数种可能，任何一个抉择都会导致一种可能，而在这个可能下我们又会遇见更多的抉择时刻，又会有更多的可能。显然，要成为怎样的人，抉择绝对占据着主导地位。

俄国著名作家列夫·托尔斯泰写过一篇名为《两兄弟》的童话，讲了这样一个故事：

一对兄弟一起出去旅游，休息的时候发现身边有一块石头，上面刻着一段话："发现这块石头的人，请沿着日出的方向径直走进树林，你会遇到一条河，请游到河对岸。这时你会看见一只带着几只小熊的母熊，请将小熊夺走，并头也不回地跑上山。而在山上你将看见一座房子，在那里你就能得到幸福。"

弟弟很兴奋，十分想去，可哥哥却觉得这话也许就是开玩笑，就算是真的走过去了也可能会迷路、会被水冲跑、会被母熊袭击、会跑不上山、会找不到房子……总之就是不能去。

弟弟并不这么认为，他觉得这段话不会无缘无故出现在这里，尝试一下也没坏处，再说没有亲自去经历过、没有努力过，幸福怎么都不可能自己找来的。

第三章 志当存高远，读书先立志

兄弟俩谁也劝不动谁，索性分道扬镳。

哥哥选择回家，弟弟选择按照石头上所说的去做。

结果，弟弟发现石头上说的都是真的，在山顶他受到了一群人的迎接，并被拥戴为国王。而哥哥则回到了家，继续过自己安稳的小日子。

弟弟做了5年国王，但在第六年的时候他却被一个更强大的国王赶走了，弟弟只得四处流浪，最终回到了哥哥的家里。

两兄弟见面，彼此感慨，哥哥说："看来，我当初的决定是对的，我一直无忧无虑地生活着，而你尽管做过国王，却也受了很多苦。"弟弟却说："我对自己当初的选择并不后悔，尽管我现在境况的确不如你，而我却拥有丰富而神奇的回忆，但你的回忆都是平淡无奇。"

先不去评说这两兄弟到底谁的人生之路比较好，单看导致两兄弟走出不同人生轨迹的原因——那次抉择。不同的抉择带来了两种不同的生活，也给两人留下了不同的回忆。

其实那块石头我们可以将其看成是一种志向，而兄弟两人，则是我们和另一个自己，一个自己志向高远，另一个自己志向平凡，选择做哥哥还是弟弟，未来的人生自会有所不同。

但是从另一个侧面来讲，抉择又是多么重要的行为，试想想，如果一开始树立志向时就有错误，倘若我们选择了这个错误的志向，那未来的道路岂不是越走越危险？如果是小错误，我们要付出的可能是几年时间的浪费；但如果是大错误，那我们付出的可能就是自己的整个人生了。

所以，在树立志向之前，我们也要学会抉择，选择好的，摒弃坏的；在树立志向之时，也要有抉择，选择更为适合自己的，别太高估或者低看自己；而志向一旦树立起来了，就该选择努力奋斗，丢掉懒惰，丢掉幻想，这才能保证我们一路向着志向高歌奋进。

记住一句话吧：人生最难的不是奋斗，而是抉择。只有抉择正确，奋斗才会有意义！

第四章
聪明出自勤奋,天才在于积累

聪明是什么?有人说是天性,某种程度来说也算正确,但是那些天生聪明的人却并不一定都能成功。相反,那些靠努力勤奋起家,并且不断积累知识、能力的人,反倒更容易实现梦想。这也就是所谓的"聪明出自勤奋,天才在于积累"。

你的闹钟定在几点？

嗨，亲爱的你，家里有闹钟吗？你是怎么使用它的呢？是仅仅将它当成普通的钟表来用吗？还是让它发挥自己所特有的闹钟功能？如果是后者的话，你的闹钟一般都定在几点呢？

不用急着回答，先来看看亚洲首富李嘉诚是怎样利用自己的闹钟的吧！

李嘉诚的童年生活很清贫，为了养活家人，14岁的李嘉诚不得不辍学谋生。他拒绝了母亲安排他进入舅父的钟表公司上班的提议，转而自己努力找工作，并最终在一家茶楼找到了一份跑堂的工作。

每天天刚蒙蒙亮的时候，茶楼就会有客人上门，小伙计李嘉诚每天早上5点就必须要赶到茶楼为客人服务。为此，舅父送给李嘉诚一只小闹钟，方便他掌握早起的时间。李嘉诚特意将闹钟拨快了10分钟，只为每天可以最早一个赶到茶楼开始干活儿。

从那时候开始，李嘉诚便一直保持着这样一个习惯，不管是手表还是闹钟，他都会拨快10分钟。小时候他是最勤奋的茶楼小伙计，而在那之后，不管做什么事情，他也依然走在时间的前面，也依然勤奋如常。也正是这份勤奋，才让李嘉诚获得了今日这般丰硕的成果。

时间不等人，李嘉诚用拨快了的时间来提醒自己要勤奋，这就意味着他的闹钟永远都会比常人"多"出10分钟，而这又将能让他多做多少事啊！

现在来想想我们自己，我们又是如何对待自己的时间的呢？如果对此依然没有什么太大的感觉的话，那就再看一位名人的榜样力量吧！

法国著名科普作家凡尔纳有一个看似很严格的工作时间，每天早上5点钟他就会起床，然后一直伏案写作，直到晚上8点。一连15个小时，除了吃饭时会短暂休息一下，其他时间他的手中总是握着笔。而即便是吃饭，他也是用最短的时间将肚子填饱，然后立刻就又投入创作中去了。

凡尔纳的妻子很关心他，有时候也劝他说："你已经写了不少书了，为什么还要让自己抓得这样紧呢？"

凡尔纳则回答说："莎士比亚的名言说得好，放弃时间的人，时间也会放弃他，我又怎么能不抓紧呢？"

在凡尔纳40多年的写作生涯中，他写了104部科幻小说，同时还记录了上万本笔记，累积起来就有七八百万字。有一些人曾经向凡尔纳的妻子打听凡尔纳成功的秘诀，妻子很坦然地回答说："秘诀啊，就是凡尔纳从来都不曾放弃过时间。"

惜时是勤奋的首要表现，珍惜时间的人，就可以将时间高效利用起来，从而做出常人所做不到的事情。总有人会抱怨时间不够用，其实这都是借口，因为对于每个人来说，时间银行都是公平的，因为它每天都会给每个人的时间账户里存进86 400秒，至于说怎么使用，则全看自己。

显然凡尔纳通过高效提取自己的时间银行，将时间转化成了有意义的工作，所以他才取得了如此巨大的成就。而我们，也是时候好好审视一下自己时间账户的使用情况了。如果之前我们对自己的时间毫不在意，那就赶紧改掉这个坏毛病，将那些零散的时间都拾起来吧；如果之前我们一直都毫不顾忌地挥霍时间，那就好好利用起闹钟来，给那些慵懒的时间一个约束吧。

几点起床，几点上学，几点学习，几点休息，几点运动，几点做家务，几点睡觉……时间是需要好好安排的，不要轻易让每一分每一秒在我们的发呆中溜走，更不要让时间在我们无聊的闲逛中消失不见，重新再回到学习上来看，如果能把这些时间都用在学习上，那我们将会学到更多的知识，或者对已有的知识有更多的理解。

  所以，闹钟是个好东西，好好利用一下怎么样？至少能让我们逐渐意识到时间对于我们的重要性。

读书一定要用功，业精于勤

唐代著名诗人韩愈在《进学解》中有一句名言："业精于勤，荒于嬉。"意思是说，只有勤奋努力，才能使学业精进，否则若是只知道嬉笑玩乐，学业迟早都会被荒废掉。

所以，读书一定要用功。要学有所成需要很多因素，显然勤奋是这些因素中非常重要的一个组成部分，倒不如说，人如果不勤奋，他的学习是肯定不会有好的结果的。在这一点上，意大利物理学家伽利尔摩·马可尼就是个很好的榜样。

马可尼出生在一个富裕的家庭，虽然他并没有在正规的学校读过书，但这并不影响他对学习的渴望。他的家庭为他创造了一个良好的学习环境，父亲有一间私人图书馆，拥有包括物理、化学、数学、地理、文学等各方面的大量藏书。在这些藏书中，马可尼对物理方面尤其是电磁学方面的知识尤为感兴趣。而母亲为了让他能受到更多的教育，说服了一位大学物理教授做马可尼的指导老师，同时还在自家的阁楼上腾出一个房间做他的实验室。由于有了物理教授做指导老师，马可尼也就有机会去大学图书馆借阅更多更专业的书籍了。于是借此机会，他一口气将图书馆中所有关于电磁学的书籍都看了个遍，不仅如此他还在老师的指导下做了大量的电磁学试验。

1894年，年满20岁的马可尼在电气杂志上了解到了赫兹的电磁实验，这个项目正对他的胃口，他想既然赫兹能在几米之外测出电磁波，那只要有足够灵敏的检波器，他也许就能让电磁波传得更远。经历了多次失败，马可尼终于让电磁波可以从自家楼上传到楼下了。父亲看到儿子的实验，原本还对他搞实验颇为不满，但这一次的试验成功，让父亲改变了想法，反而开始资助马可尼继续搞实验。

自此之后，马可尼有了信心，也有了后援，他搜集了大量的资料和文章继续摸索探讨，只要是对他有启发的文章，他都会耐心阅读并仔细分析。最终，他集各家之长，不断改进自己的机器，并成功地将无线电信号发送到了1.5英里（约2.4千米），这使他成为世界上第一台实用无线电报系统的发明者。

马可尼的生活条件不可谓不优越，但是他却丝毫没有富家子弟的那种懒惰与不求上进，相反的，他却相当努力，从不浪费时间，除了读书就是做实验，并致力于自己的研究，而且屡败屡战，毫不畏惧。

可以说，正是马可尼的勤奋，才让他即便没有上学也学到了如此丰富的知识；正是他的勤奋，才让他在电磁学研究上如此孜孜不倦甚至不顾父亲的反对，当然，马可尼的成功也让父亲对他的态度有了改观，或者说正是马可尼的这种勤奋，才让父亲扭转了以往的那种"儿子在不务正业"的看法。业精于勤，马可尼的一生都在勤奋学习、勤奋研究，如此用功的人，成功怎么可能不眷顾他？

不仅是马可尼，很多被称为是天才的人都是勤奋学习的代表。比如美籍华人物理学家丁肇中教授，也是一个有智慧且又勤奋的人。

有一次，一家报社记者采访丁肇中，问道："据说，美国大学要读4年，研究生要读5年至6年，才有可能取得博士学位。但是，您总共只用了5年左右的时间就拿到了博士学位，是吗？"

丁肇中则回答说："当时我处在一个困难的环境中，如果要在逆境中读书，就不得不那样用功了。"

记者又问："您取得成功的秘诀是什么呢？"

丁肇中只给出了三个字的回答："勤、智、趣。"

在丁肇中的回答中，勤奋是他成功的第一个秘诀，从中学到大学，从中国到美国，丁肇中的勤奋在全校都很有名。而这份勤奋也的确带领他走向了成功。

俄国化学家门捷列夫说："没有加倍的勤奋，就既没有才能，也没有天才。"我们可能并不是天才，毕竟那个"天生就聪明"的概率实在太小了，但是勤奋却是没有限制的，任何人都可以勤奋，所有人也都需要勤奋，作为学生，现在的我们理应和勤奋更亲密一些，不管是学校里还是家里，勤奋地对待所有知识内容的学习，将会大大缓解我们自觉天赋不够的缺陷。

所以，如果你正在纠结自己的学习成绩，别总是抱怨自己不如别人聪明，也别抱怨他们学到了怎样的技巧，还是先看看自己有没有做到勤奋吧，所谓笨鸟先飞，当你真的付出汗水时，总会有一些独属于你的收获是令人羡慕与钦佩的。

不是没时间，是你不想读

有多少人曾经有过这样的抱怨："哎呀，每天上学就累死了，放学还要写作业，还得运动、做家务，也总得让我有玩的时间吧？还不能晚睡，还得早起，这一天到晚的，我哪儿有那么多时间来读书呢？"

借口！这样的抱怨就是借口，如前所说，每个人的时间都是均等的，如果和我们一样忙碌甚至比我们还忙碌的人都能有时间读书的话，那么我们就得问问自己"时间都去哪儿了"？根本就是我们自己不想读书罢了。

美国著名科学家富兰克林认为，时间是最宝贵的东西。

有人曾经问他："您怎么能做到那么多事情呢？难道您的时间就比别人多吗？"

富兰克林微笑，接着向来人展示了他的时间表。

5点起床，规划一天的事务，自问自己一天要做的事情。

8—11点，工作。

12—13点，阅读、吃午饭。

14—17点，工作。

18—21点，晚饭、谈话、娱乐、考察一天的工作，自问自己一天做好了哪些事。

富兰克林说："我从不把时间浪费在酒店、赌博或任何一种恶劣的游戏上，我在事业上的勤劳则是按照必须必要来进行的，所以不会厌烦也不会感到疲倦。"

曾经有朋友劝他:"天天都是如此枯燥且死板的生活,也太单调了。"

富兰克林却说:"如果你热爱生命,那就别浪费时间,因为时间是组成生命的材料。"

看看富兰克林的时间表,除了工作,里面也有"阅读"这样一项安排,工作是工作,但阅读时间不能少。作为科学家和政治家,富兰克林可是要比我们忙碌多了,但是他每天却都有雷打不动的阅读时间,这难道不会令总抱怨没时间的我们感到汗颜吗?

要真说起来,还是学生的我们,时间其实也算得上是大把大把的了,每天除了上学,除了必要的运动和家务劳动,还有更多的时间可以供我们去支配,关键就看我们有没有想要读书的这个意愿了。

英国一家电视台曾经做过一期名为《凌晨四点半》的专题节目,在一个普通的凌晨四点半,当摄制组来到著名的哈佛大学校园时,却发现哈佛的图书馆里,早已坐满了学生,大家都安静地看着书,认真地做着笔记,有的低头思考,有的凝神静思,图书馆里只能听见翻书的声音。

而不仅仅是正式的图书馆中,也不仅仅是在凌晨四点半,即便是吃饭的时候,如果走进哈佛大学的学生餐厅,看到的也并不是叽叽喳喳的热闹吃饭景象,每个学生端着自己的饭坐下后,总是边吃边看书,或者边吃边做笔记,显然就算是吃饭时间,学生们也不想让自己的思维停下,也不愿意将这段时间浪费掉。

凌晨四点半,在我们看来是不是并不应该算作是学习时间呢?因为我们还要睡觉还要补充营养。虽然不要求我们也必须像这些名校大学生那样将时间利用得如此高,但若是说要读书,我们还应该能腾得出时间来吧!

每天放学后,做完作业,可以做的事情有很多,玩耍、娱乐、和家人聊天……当然不是说这些事都是错误的,只不过我们本还可以将时间安排得更加有质量一些,哪怕就是半个小时的读书时间,少玩半个小时,少聊半个小时,如果能坚持下来,那就足够了。

不过可能还会有人说,就是不那么想读书怎么办?那就找找自己比较感兴趣的书，家里总会有那么一些被爸爸妈妈标明为"积极健康"的书籍吧，去找找自己更愿意翻两眼的书，不要求必须看多少页，只是要求认真对待这读书的半个小时，一旦形成习惯，相信我们都能坚持下去，也都能感受到书的魅力。

懒惰是种"病",你想治就能好

当今时代流行一个词,叫"懒癌",是懒惰的另一种比较"文艺"的说法。懒得做事的人大有人在,懒得读书的人更是数不胜数,懒得通过学习让自己进步的人几乎遍地都是。

成年人可能会找一些借口,说"我们工作忙,太累,懒点就懒点吧",我们无权批评他们的这种观点,但我们却不能也如他们这般用"学习忙,太累,懒点就懒点"的借口来推托自己的学习。

毕竟,学习可是当下的我们最为需要负责的一件事了,如果连这件事都做不好,我们还能做什么呢?

被称为"唐宋八大家"之一的北宋文学家苏洵,小时候并不怎么喜欢读书,7岁时他才开始正规的学习,可不管是断句还是作诗文,他都不喜欢,再加上自己也懒得读,结果还没学会就放弃了。

苏家是个大户之家,苏洵自然不愁吃喝,因此他也就一直游手好闲,即便已经娶了妻子,却也终日只在嬉笑游玩上"勤快",读书学习之事依旧懒得理睬。

直到25岁的时候,苏洵才觉得自己的人生毫无建树也不是个事,这才开始读书。但刚开始读的时候,他的态度依旧如小时候那样,并不认真,仗着自己聪明不那么用功,能偷懒则偷懒,尤其是看到与自己同辈的人,似乎并没有比自己高明到哪儿去,因此他在读书上"三天打鱼,两天晒网"。

第一次参加乡试,苏洵落第了,这一次失败让他颇受打击,但同时也惊醒了他。从那以后，他痛改前非，发奋苦读。

有一天，苏洵发现了一篇古人爱惜时间、刻苦攻读的故事，一连读了好几遍，他对其中的内容感触颇深，觉得这些东西就是专门为自己写的，于是感叹道："时光如此无情飞逝，而自己也快到而立之年，竟然还毫无建树，就算有文章也都是平庸之作，如此懒惰不思苦读这怎能行？如果现在再不努力，那还要等到什么时候啊？"

从此，苏洵比之前更加努力了。不仅如此，他还将自觉不满意、满是缺点漏洞的数百篇书稿统统烧了个精光，以示一切都要从头认真做起。在这之后，苏洵除了闭门苦读，还会四处求师拜友，向他们虚心求教。

如此经过二十多年的努力奋斗，苏洵通读了大量的书籍，增长了见识，才智也随着学识的增加而飞速提升。在这时他写文章，已经到了"下笔顷刻数千言"的地步，而他也写出了诸多颇有研究价值的文章，从此苏洵这位大器晚成的文学家也得以闻名于世。

看到苏洵的故事，有的人是不是就会说："看吧，苏洵都到25岁才治懒的……"这难道是什么值得骄傲与效仿的事情吗？换个角度来想想看，如果苏洵从7岁开始就能认真读书，他何苦要在日后费这样大的劲呢？如果他早早就意识到只有勤奋刻苦日后才能有所建树的话，他是不是成就更大呢？

年少正是读书时，岂能让懒惰延缓我们成长的脚步？而且，从苏洵的故事中我们也能发现，懒惰不是个顽疾，越早发现就能越快治疗。富兰克林说："懒惰像生锈一样，比操劳更能消耗身体。"所以为了不让这病将我们的身体折磨得不成人样，还是尽早治疗吧。

要治疗懒病，得需要我们自己的毅力，也就是自己必须要提醒自己"不能再懒了，要勤快起来"，而且这可不是决心，而应该是一种自我约束，一旦对自己发布了这一条指令，那我们就该行动起来。

丢掉以往能拖就拖、能不做就不做的生活，列个合适的学习计划表，把一天里那些被我们归为闲散的时间都利用起来，一开始不用安排得太紧，先热身起来，让自己逐渐熟悉这种忙碌勤奋的状态，自然而然就会形成新的好习惯。

"见缝插针"也可以读书

著名数学家苏步青说:"我用的是零头布,做衣服有整料固然好,没有整段时间,就尽量把零星时间利用起来,加起来可观的很。"

什么是零星时间?就是整块时间之外的那些"几分钟""十几分钟"。比如,早起上厕所、刷牙洗脸的时间,上下学走路或坐车的时间,等人的时间,排队的时间,等等。这些都可算得上是零散时间,那么如果我们能在这些时间里"见缝插针",虽然每次零散时间的学习都不会太久,可能学得也没那么多,但若是这些知识都积累起来,可也是一笔不小的财富。

苏联昆虫学家柳比歇夫就是一个能很好利用零散时间的人,他出门坐电车的时候,总是随身带一本小册子。别人在电车上晃荡着看无聊的街景和胡思乱想,他却在一来一回的时间里,将一本小册子阅读完了。

出差的时候,柳比歇夫也会随身带上几本书,不管是等车的时间、坐车的时间,还是独处的时间,他都会掏出书来全神贯注地看两眼。

日积月累,柳比歇夫的读书量比常人要多出许多,这些知识对他日后出版学术著作提供了很大帮助。

正是因为这些时间的零散,所以很多人都注意不到。看看柳比歇夫,就能知道零散时间所发挥的威力有多么巨大了吧?有些人会说,本来那些整块时间里做事就已经很累了,难道这些零散时间就不能用来休息吗?休息是可以,但是休息的方式也有很多种,那么多的闲暇时间,如果就这样白白浪费掉岂不是可惜,不如换一种方式来休息,既能让自己换换脑子,还能让自己得到休息。

《三国志·魏志·董遇传》讲的就是一位名叫董遇的人抓紧闲暇时间读书的故事。

汉献帝时期，战乱导致百姓生活困苦，董遇和哥哥便投奔到了朋友那里。为了维持生计，他们每天都要上山砍柴，还要背到集市卖钱。

而每次上山砍柴的时候，从小就喜欢学习的董遇都会随身带一本儒家的经典书籍，只要有空闲，就拿出来诵读或者翻看两眼。哥哥时不时地会讥笑他读书读得都有些木讷迂腐，但董遇却并不以为然，每天还是会带着书上山，得空儿就看。

后来，董遇的学问越来越大，不仅对《老子》很有研究，为其做了注释，在《春秋左氏传》上也颇下功夫，还写成了名为《朱墨别异》的研究心得。附近的读书人中有人想要向他求学，但是董遇却不肯教，反而是告诉对方："你还是先回家多读几遍书吧，读得多了，书中的意思你自然也就能明白了。"

读书人回答说："您说得轻巧，哪里有那么多时间啊？还多读几遍，怎么可能？"

董遇说道："你应该用'三余'来读书。"

"三余？"读书人惊奇，"三余是什么意思？"

董遇则说："三余就是三个空闲的时间，冬天不再有耕作，所以是一年的空余时间；夜晚了很多人会休息，不如白天那般忙碌，所以这也可算是一天的多余时间；下雨的日子里很多事都做不了，这也是空余时间。这岂不是随时都有余闲？"

来求教的读书人恍然大悟，而更多的读书人也因此慕名来求教。

董遇所在的古代，有这样的"三余"是当时的时代所致，但是从这个故事中我们却可以感受到董遇对空闲零散时间的高效利用。

可能有人会这样说："哎呀，就剩几分钟了，什么也干不了。"但诺贝尔奖获得者雷曼却说："每天不浪费剩余的那一点时间，即使只有五六分钟，如果利用起来，也一样可以产生很大的价值。"这样的几分钟里，背一个单词总还可以吧？学习一个新字或者新词汇总还可以吧？复习一下已经学过的公式或者某个定理总还够用吧？怎么能说什么也干不了呢？

其实之所以会忽略这些时间，归根结底还是我们自己不够勤奋，还是我们忽视了积累的重要作用。要改变这个现状并不难，回忆一下自己日常的一天，看看哪些时间其实是被自己无视了的，确定一下如果在这个时间段里没有其他的事情，那就不如利用起来；还要看看自己的生活中，有哪些时间是可以"一心二用"的，比如前面提到的早起洗漱时间，手底下忙活着，脑子里背一段古诗或者几个公式应该不成问题，找到这些时间，试着也利用起来；当然了，鲁迅先生也说了"时间就像海绵里的水，只要愿意挤，总还是有的"，有些事情如果我们可以动作再迅速一些，效率再高一点，时间也就能被省出来了，省下来的时间一样也可以被利用起来。

也许短期内我们无法从这些零散时间中得到大收获，但是积累是一件神奇的事情，积少成多是一个永恒的定理，时间久了，零散时间就会带给我们巨大的效益。

列一个合理的读书计划

读书学习可不是一件随意的事情,越是有计划地去进行,读书学习才能越顺利。而且,计划也能保证我们学习起来更有条理性,从而避免了东学一点西学一点的混乱状态,更能让我们养成按部就班学习的好习惯。

杰出的革命教育家徐特立先生一生勤奋好学,总结出很多对后世非常有启发的学习经验,在这些经验中有一个"读书'七要'"的经验。

所谓"七要",就是学习中七件要做到的事情,分别是:学习要有时代性;学习要抓住基本的知识;学习要有方法和立场;学习要有事业和职业的目的及长期的计划;学习要有一定的中心对象;学习要抓住要领;学习要有批评的、革命的、实践的精神。

在这"七要"中,赫然标明了学习是需要有计划的。在徐特立先生看来,为学习而学习,以及无计划地乱抓一通学习,都是不对的。那么既然不对,我们该怎么办?那就列一个合理的读书计划出来吧。

作家萧乾就曾经写过一篇文章,题目就叫作《读书要有计划》。他先将书分为几类:甲类是业务上所需要的,所以就必须要有目的且有系统地去读;乙类是为了欣赏、观摩而读的书;丙类就是放在厕所读的书;丁类则是放在枕畔的;还有一种戊类,就是有些闲杂小书;己类,纯粹为了查找用的,像是工具书一类的书。

不同的分类让萧乾在读书的时候不会抓瞎,比如该是工作的时候,相信他就不会拿起丙类这样消遣的书去看;而已经躺在床上了,相信他也不会将工作搬到这么不合时宜的地方来做。这个计划很巧妙，保证了萧乾在什么时候就能看什么书，这显然对于增加他的阅读量和知识存储量大有好处。

萧乾为了能更好地工作和学习，把自己要读的书划分了几大类，看似是对书的分类，实则是对自己行为的规划。做不同的事情看不同的书，可以说保证了萧乾在不同的时候都能有书看，这是一个多么巧妙的学习计划。而对于萧乾来说，这个计划也是合理的，他是作家，也是记者、翻译家，他的工作需要与书打交道，所以他根据自己的特点安排了这样的读书内容。也就是说，读书的计划一定要合理，既要适合自己的阅读习惯，也要尽量贴合自己的个人特点，这样才能保证计划的顺利实施。

作为学生，我们的计划要贴近生活实际，一定要把学习这个因素考虑进去，同时还要兼顾运动、劳动等其他因素，用不着安排得太满，毕竟没必要一上来就给自己安排一个高强度的计划，否则一旦我们对计划产生了厌烦心理，那计划的实施可就成了问题。

可以先列范围小的读书计划，比如几天里读一本书，从书里要学习什么内容，要掌握到什么样的程度，每天可以看多少，每天要记住多少，也可以写写读书笔记，等等。小计划能够顺利实行之后，再列更大一些的计划也就不那么费劲了，而且对计划也就形成了习惯，执行起来就不会那么排斥了。

另外，读书计划列出来之后，也要时刻督促自己记得执行，别只是开头两天觉得情绪高涨就读两页，但几天之后就将这计划彻底抛到脑后了。不如将要读的书放在眼前，也可以记录一个读书笔记，每天读了多少、有什么收获，久而久之形成习惯，再执行起读书计划来也就顺畅多了。

第五章
兴趣才是最好的老师

  每个人都可能要做两种事情——愿意做的和必须做的,愿意做的事情就会让人产生兴趣,做起来也就更主动,但必须做的事情就不一定了。所以,如果能将必须做的事情也演变成愿意做的事情,就比如学习,也就是将其变成兴趣,那接下来的一切岂不是要简单许多?

你爱好什么，兴趣就在那里

每个人总会有各种各样的爱好，喜欢什么也就会更愿意去接近什么，喜欢做某件事，那么遇到这样的事时也会显得更主动。我们每个人的爱好，也就是我们的兴趣。兴趣是我们最好的老师，在兴趣的引领下，我们可以更投入地去做事，也会更容易体会到做事过程中的乐趣。

我国著名数学家陈景润被人亲切地称为"数学王子"，而带领他走上数学道路的正是他对数学的兴趣。

1937年，陈景润考上了福州英华书院。当时，回福建老家办理丧事的清华大学航空工程系主任、留英博士沈元教授因为战事吃紧而不得不滞留在家乡。几所大学得知沈元教授就在福建，纷纷邀请他去讲学。但是沈元教授是英华书院的校友，为了报答母校，他来到了英华书院为同学们上起了数学课。于是，陈景润有幸听到了这位著名教授的讲课。

一天，沈元教授给大家讲了一个故事，大意是200年前有一个法国人发现了数学上的一个有趣的现象：6=3+3，8=5+3，10=5+5，12=5+7，28=5+23，100=11+89……每个大于4的偶数都可以表示为两个奇数之和。但是现象归现象，这却是个没有被证明的结论，因此也就只是一个猜想。而当时的瑞士数学家欧拉则说："虽然我不能证明它，但我确信这个是一个正确的结论。"

数学的美妙与神奇，让陈景润听得入了迷，而与此同时，他对那个有趣的数列现象也感到好奇不已。课余时间里，陈景润开始研究起了数学，图

第五章
兴趣才是最好的老师

书馆中从中学到大学的数学书几乎被他读了个遍，为此同学们还送了他一个"书呆子"的称呼。

而也正是从这时开始，陈景润对数学产生了浓厚的兴趣。兴趣牵引着他开始发奋，经过刻苦努力学习和研究，陈景润成了著名的数学家，在数学方面作出了诸多重大贡献。

陈景润爱好数学，钻研数学就是他的兴趣所在，而正是因为有兴趣，他才会更愿意去探寻数学的奥秘，也更愿意去阅读与数学有关的所有内容，并主动进行更多的研究。

仔细想一想，我们爱好什么呢？是文字，是数字，还是什么其他更独特的东西？可能有人觉得，爱好只是喜欢罢了，如果一定要上升为兴趣并加以研究学习，岂不是太累了？

话可不能这么说，并不是要求大家将爱好都上升为兴趣或者上升为研究，而是当我们产生了兴趣之后，就算没人催促监督，我们自然也就能主动付出了。兴趣来了，可是挡也挡不住的哦。

法国昆虫学家法布尔的成功之路，也是从兴趣开始的。小时候的法布尔住在法国南部山区的一个小村庄里，在那里，大量的昆虫鸟兽成了法布尔最常接触到的东西。

有一天晚上，法布尔听见屋外传来清脆好听的虫鸣声，他不确定那是什么，索性自己偷偷穿上鞋来到了屋后，拨开草丛寻找，想要看个究竟。尽管忙碌了许久都没有结果，可是法布尔却对这些不那么容易找见的虫子们产生了兴趣。

7岁的时候，法布尔进入了小学，教他的老师喜欢小动物，法布尔跟着他学到了许多小动物的知识。而在所有的小动物中，他却独独最喜欢昆虫。再加上父亲有一次给他拿回来一张动物挂图和一本语言集，在其中法布尔又看到了许多与小虫子有关的插图和故事，这些都让他爱不释手，从此他对昆虫更加痴迷了。

还有一次，法布尔在路边遇到了蚂蚁搬家，那繁忙的劳动景象让他再也挪不动步子了，他趴在路边，掏出随身带着的放大镜，开始一动不动地观察起蚂蚁们的行动来。路上行人经过时都会好奇地看他一眼，有的人无法理解他的行为，还嘲笑他是中了邪。

但法布尔却并没有受到周围人的影响，依然痴迷于自己心爱的虫子们，为了捕捉一只小虫，他就算喘着粗气也要跟着虫子跑；为了保护虫子的腿和翅膀，他不惜自己跌跤；看到虫子要被冻僵了，他还会把它们放进自己怀里给它们取暖……

正是这种忘我精神，让法布尔对昆虫的研究格外细致与透彻，所以他在这方面的研究也是成果显著，成了举世闻名的昆虫学家。

法布尔的经历告诉我们，兴趣是引导我们更愿意深入研究的最佳导师。不管我们爱好什么，只要是积极的、正向的、健康的，都可以任由它发展下去，并在兴趣的引导下去好好努力。只要我们甘愿付出，没准儿也能在自己的兴趣点上有更大的收获或者做出更好的成绩。

多在感兴趣的事情上下功夫

如前所说，兴趣是引导我们开始努力的导师，而"导师"引导之后，我们就应该真的努力付出，也就是真的要在自己感兴趣的事情上多下功夫了。可能有人会说："兴趣什么的都是学习好的同学才能有的，像我这种学习成绩不那么好的，如果在感兴趣的事情上下了功夫，不仅不会被同意，而且我自己也觉得不可能有什么成就。"

英国生物学家蒂姆·汉特小时候就是一个学习成绩很差的人，小学时他的成绩经常是倒数第一。可是汉特却很清楚自己喜欢什么，他喜欢生物学。因为幼年时的汉特几乎是在牛津大学的校园里长大的，在那里他经常免费去听各种科普讲座，而生物系的讲座最为吸引他，他对生物学也产生了强烈的兴趣。所以，汉特在生物学方面的课程上格外下功夫，虽然他并没有放弃其他课程，但是两相对比之下，他也更清楚地意识到自己的确是对生物学兴趣浓厚，而他也清楚地明白自己并不适合从事像拉丁文、法语、数学、物理等其他科目的工作。他还曾经自嘲地说："我11岁的时候成了拉丁文极差的生物学家。"

在当时，很多孩子还只是知道要学习课本课程，对自己的未来还一片茫然，但汉特已经清楚地意识到了自己的兴趣，并明确了自己的发展方向。正是在这种兴趣的引导下，他在生物学上不遗余力，听讲座、找资料。

最终，汉特不仅摆脱了倒数第一的命运，还成功地进入了大学，并在生物学领域获得了硕士、博士学位。1982年，汉特发现了在细胞分裂过程中对细胞分裂骤起控制作用的一种蛋白，这种蛋白对人类最终攻克癌症起到了很大的作用，这项研究给汉特带来了2001年的诺贝尔生理学和医学奖。

汉特的成功，源于他的兴趣，而他成功的基础也在于他肯在兴趣点上下功夫，肯花心思去钻研，所以一开始的他即便并不完美，却没有失去希望。这其实就是兴趣的魅力，汉特愿意接受自己的兴趣，并愿意为之付出，所以他才会成功。

可能会有人怀疑，在感兴趣的事情上下功夫就能成功吗？汉特的故事不会是个例吧？当然不是了！

小时候的爱因斯坦因为对指南针永远指着南北极感兴趣，所以致力于研究科学。

法国作家罗曼·罗兰从小就对写作兴趣盎然，还曾经发誓"不创作，毋宁死"，后来他成了一代文豪。

德国作曲家亨德尔5岁的时候被音乐强烈吸引，就算父亲反对他搞音乐，他也毫不放弃，甚至在兴趣的驱使下，在半夜家人都睡觉的时间里，偷偷跑到屋顶去练琴。

我国著名作家冰心先生，自从认识字之后就对书产生了浓厚的兴趣，有好几次她读书到了入迷的程度。有一次因为洗澡看书导致水都凉了，母亲气得将书抢过去撕破扔在地上，可冰心竟然走过去捡起破碎的书又看了起来，母亲也被她的样子气乐了……

日本教育家木村久一说："天才就是对兴趣顽强地入迷。"兴趣引领着这些人们付出努力，那么，我们对于自己感兴趣的那些事情，也来好好付出努力吧。

总会有人将兴趣和努力分得很"清楚"，比如，有的孩子会说："兴趣就是用来玩的，学习才需要努力，兴趣还努力个什么劲儿？"此言差矣。我们该换个角度看待兴趣。

虽然很多人的兴趣看起来与正式的学习没有什么关系，比如有的孩子兴趣在飞机模型上，看见新型的模型就手痒痒，想要玩一玩，如果能自己亲手组装就更好了。乍一看玩模型和学习好像没什么关联，但实际上，如果我们想要更好地研究模型，就需要了解更多与飞机有关的知识，而这个了解的过程，其实也就是学习钻研的过程；而为了能了解得更多、更精细，也许就还需要学习更多的外语或者物理、数学等知识，若是真的能下决心努力钻研进去，这其实也是在学习。

也就是说，兴趣与学习是相通的，真的要研究兴趣的话，学习是必不可少的研究组成部分。所以在兴趣上下功夫，其实也是在学习上下功夫，只要认真对待就没问题。

兴趣也是可以培养的

"我不知道自己对什么感兴趣。"这是很多孩子的心声,尽管可能很多人都知道"兴趣是最好的老师"这句话。但是如果发现不了自身的兴趣,也的确算是一种"有劲儿也没处使的无奈"。

不过,兴趣也是可以培养的,所以不用着急。但关键是,我们是不是能发现自己的兴趣,或者是不是能适时地展现自己对某方面的强烈关注,以促使爸爸妈妈发现我们的关注点,并帮助我们培养兴趣。

有人讲过这样一件事:

一位妈妈有一个各方面表现都很平凡的孩子,他学习成绩很平凡,体育成绩很平凡,平时似乎也没什么特殊爱好,就是平凡地学习、生活、玩耍。妈妈原本认为这个孩子就是平凡的命了,但偶然一次,妈妈听学校老师说,孩子每次上音乐课都很认真,特别是课间时间,他更喜欢在钢琴前面待着,时不时自己就上去叮叮咚咚敲两声。

妈妈将老师的话记了下来,平时在家也注意观察,发现孩子对电视里与钢琴有关的镜头果然很在意,平时没事的时候也更喜欢听钢琴曲子,逛街遇到钢琴店,也总是有意无意地要进去转两圈。特别是有人在弹奏的时候,他是一定会站在一旁听一听的,有时候还会问两句。

妈妈有些小激动,但同时也有些担忧,觉得孩子都已经快小学毕业了,以前也没发现他有音乐天赋,现在才开始发展钢琴兴趣会不会有些晚。但是看到孩子那渴望的眼神,妈妈决定还是试一下。

第五章 兴趣才是最好的老师

于是在小学毕业后的那个暑假,妈妈给孩子请了一位专业的钢琴老师。一个暑假学习下来,老师告诉妈妈:"孩子虽然开始得晚,但真的有较好的音乐天赋,最重要的是他的学习兴趣很浓厚,所以不如继续让他发展下去。"

妈妈考虑到初中的学业安排,还担心孩子会因此分心,但没想到的是,孩子主动和妈妈订立了学琴的协议。而在初中三年时间里,孩子果然认真地履行了协议,不仅学业没有被耽误,钢琴也学得格外认真。

后来,孩子在中学阶段就考取了钢琴十级证书,学习成绩也进步显著,不仅进入了心仪的高中,高考后更是进入了心仪的大学……

仅仅是一次兴趣的发现,仅仅是开启了兴趣培养的模式,这个孩子的人生就从平凡一跃而进入了精彩。这样的人生转变,是不是很令人心动?我们也该寻找一下自己的兴趣并认真培养了吧!

可能有人又会说了:"我爸爸妈妈也培养过我的兴趣,但我就是不开窍。"其实有时候爸爸妈妈的培养是他们的希望,如果我们的确可以做到的话,那就好好表现,但如果真的做不到,就要让他们看到我们到底在哪方面表现得更好。

英国数学家麦克斯韦小时候也曾经经历过这样一种培养,他的父亲很想让他成为一名画家,所以就经常让他练习画画。但有一次,父亲让麦克斯韦对着插满金菊的花瓶写生,可当他画完后,父亲却对这幅画颇为无奈。因为本来是圆滑的花瓶中插着盛开的花朵的形象,麦克斯韦的画中却满满的都是几何图形——花瓶被画成了梯形,菊花则变身为大大小小的一堆圆圈,而菊花的叶子则是大大小小的三角形。

尽管如此,父亲却并没有生气,因为从这样的一幅画中,他看到了麦克斯韦的数学天赋,于是他果断放弃了要把孩子培养成画家的想法,转而因势利导,引导麦克斯韦进入了数学世界。最终,麦克斯韦在自己感兴趣的数学领域做出了一番成就,成了伟大的数学家。

这个故事告诉我们,不用担心自己的兴趣培养不起来,关键就看你是不是能合适地表现出自己在某方面的更好的表现。当然，爸爸妈妈们可能并没有像麦克斯韦的父亲那样，注意到我们的表现，那么此时倒不如主动出击，告诉他们我们更喜欢什么，并拿出更好的表现来展示给他们看，让他们能意识到在我们自己的兴趣上的培养才是更有效的就好。

总之，兴趣是可以培养的，不过我们需要注意这样一些事项。

要培养兴趣，我们得先从心底暗示自己"××事是有趣的"，然后再重点去发现其中的乐趣。这里说到的"××事"，一定是正向的积极的健康的事情，而不是那些休闲娱乐项目。就比如说，很多人觉得数学课枯燥无味，那么我们不如暗示自己"因为没有学懂，所以才没觉得有意思，努力一下试试看"，这样我们就能意识到数学课里一定会有让我们更愿意学下去的东西，所以就会更愿意付出努力，也就更容易地发现兴趣了。

而要培养兴趣还得认真，就像前面提到的那个孩子，他对钢琴的认真，其实也导致了一个良性连环效应，认真地对待钢琴，认真地对待学业，认真地对待后来人生的种种选择。而也正因为认真，他的兴趣也变得越来越浓厚。所以，有了兴趣，就认真对待，好好表现就会有好成绩，有了好成绩，自信自然也就起来了，这不是很好的发展吗？

当然了，只是认真并不够，还得认真到点子上，不如订个计划去发展兴趣，今天做什么，明天做什么，这一段时间想发展到什么程度，下一段时间又想有哪些进步，等等。如此安排好了，我们的努力也就更合理而有价值了。

最后一点，既然是兴趣，那就高兴一些对待吧，不要把兴趣培养当成是负担，兴趣本该是让我们感到高兴的事情，所以开开心心去做就好。注意自己寻找兴趣点，注意自己找到能让自己身心愉悦的地方，这样我们才能更长久地享受兴趣的魅力。

读书的兴趣从品尝"读书之乐"开始

读书是有乐趣的,因为书中的世界博大精深,一旦真的用心读进去了,真是欲罢不能。很多人因为感受到了读书的乐趣,所以即便环境艰苦,即便遇到困难也从未放弃过读书。

著名相声大师侯宝林先生,尽管只上过3年小学,但他却相当勤奋好学,通过自己的努力成了著名的语言专家。

有一次,为了能买到一直想买的明代笑话书《谑浪》,侯宝林跑遍了当时北京所有的旧书摊。但遗憾的是,跑了这许多路,他却一无所获。好在他得知北京图书馆里有这部书,他便决定将这本书手抄回来。

当时正赶上冬天,侯宝林每天都顶着狂风大雪去图书馆抄书,一连去了18天,他竟然将那部十多万字的书抄录了回来。

为了看一本好书,侯宝林先生不惜跑遍全北京城,找不到的遗憾也没让他放弃,当得知图书馆里有的时候,既然不能将其据为己有,他就甘愿亲手抄录。如果不是真的喜欢读书,如果不是真的想要从书中学到东西,试问谁能有那么强的毅力去手抄一部十万多字的书呢?

能体会到读书之乐的,除了侯宝林先生,还有鲁迅先生。

鲁迅先生小时候在江南水师学堂读书,他学习向来认真,第一学期因为成绩优异,学校奖励了他一枚金质奖章。但鲁迅却没有将这枚奖章作为自己的荣耀永久留存,而是立刻将其拿到了南京鼓楼街头卖掉,用换来的钱买了几本书和一串红辣椒。

买书自然是为了看，那么买辣椒呢？原来冬天晚上寒冷的时候，鲁迅就摘下一颗红辣椒放进嘴里嚼，辣椒的辣给他带来满头汗，寒冷的感觉自然也就小了。原来，鲁迅用嚼辣椒的办法来驱寒，只为自己能坚持读书。正是因为这种刻苦，才为鲁迅未来成为著名作家打下了基础。

不爱金奖章，更爱几本书，在鲁迅眼中，那枚金质奖章甚至还不如一串红辣椒对他更有用。而倘若不是真心发现了读书的乐趣，他又怎么甘愿忍受辣得冒汗的辛苦呢？由此可见，读书的乐趣对人的诱惑该有多大。

在我国古代，还有一位痴迷于读书的人，在读书过程中闹出了件举世闻名的乐子。他就是唐宋八大家之一的苏洵。

苏洵发奋读书，每每总是会读到废寝忘食。有一年端午节，夫人程氏发现，苏洵早早进书房之后，就一直待在里面没出来过，连早饭也忘了吃。程氏心疼丈夫，便剥了几只粽子，连着一碟白糖一起送到了书房之中。看到苏洵依旧全神贯注地读着书，程氏便也没有打搅他，放下了粽子和白糖，转身悄悄离开了。

等到中午时，估摸着苏洵吃完了，程氏便进书房去收拾碗碟。可她却惊讶地发现，粽子的确已经被吃光了，可那白糖还是她端进来的样子，一点变化都没有。反倒是在书桌上的砚台四周，掉落了一些糯米粒。程氏再抬眼一看，苏洵的嘴边，沾满了黑黑白白，黑的是墨汁，白的则是糯米粒。程氏忍不住笑了，原来苏洵只顾着醉心于书中，错把砚台当成了白糖碟，蘸着墨竟也将那粽子吃了个精光。

读书之乐，引得苏洵认墨为糖，即使是笑谈，却也不失为一出美谈。

一连3位名人，都在读书过程中发现了乐趣，都为了读书而付出许多。看到他们这"离奇"的经历，我们有没有也想要对读书的乐趣一探究竟呢？

别总是觉得读书是枯燥的，那只是因为我们并没有读进去。如果觉得刻板的课本太无聊，那就先从一些有意思的书开始看起。比如，看看故事，翻翻经典的小说，不一定从长篇开始看起，先看看短篇，在读故事的同时，感受作者的用心，体会故事的道理，还能学习写作手法，这乐趣真是太多了；还比如，翻翻报纸，从最新鲜的生活资讯入手，感受文字给我们带来的时代感，乐趣自然也能有所显现。

总之，读书一定会有乐趣，可能每个人与每个人的关注点都有所不同，但是乐趣却是一定会存在的。所以，别担心自己读不下去，慢慢来，一本一本地开始读，总会有那么一本书让我们也能投入进去，没准儿就是这一本，就能打开我们进入书的殿堂的大门。

培养对学习的兴趣

兴趣是老师,兴趣是能量,兴趣会让我们看到不一样的世界……但是,在很多孩子眼中,兴趣与学习是两个不相干的事情,兴趣与学习之外的东西才是相称的,但是对于学习本身,它怎么看都不像是能引得起什么兴趣的东西。

有的孩子会说:"让我干别的事情,我怎么都能有兴趣,可就是别让我学习,我觉得学习就是和我有仇,我怎么学都不可能产生兴趣。"这样说话可就太绝对了,学习的兴趣也一样是可以培养出来的。

苏联学者C·索洛维契克曾经做过一次实验,他召集了3 000多名在学习方面不那么擅长的学生,要求他们配合他来一次"满怀兴趣地学习"的实验。实验要求是:

第一,学习前做好充分准备,一再对自己说:"我喜欢你——××学,我将高兴地去学习。"而这其中的"××学"就是学生原来不感兴趣的学科。

第二,一定要努力地去学习,比平时要更细心,花更多的时间。

实验进行几周之后,索洛维契克陆续收到参加实验的学生的回复信息,绝大多数的学生都非常兴奋,因为在他们身上实验取得了成功,那些原来让他们感到头疼的课程,现在都已经不再枯燥无味,学生们开始对这些课程产生兴趣了。

其中有一位学生就说:"我原本很讨厌俄语语法课,一到上课我的困意挡都挡不住,就算再怎么紧闭上嘴,但想要打哈欠的欲望就是停不下来。后来,我按照老师说的那样,上课前我就幻想着并努力表现出高兴的心情,就像在预习我最喜欢的历史课一样,我还幻想着语法课应该也会和历史课一样有趣。就这样持续了12天,我已经形成了习惯,每当上课前我都会寻找一下课程的乐趣,而如今,我觉得俄语语法课的确是一门有趣的课程了。"

从这个实验结果中,索洛维契克得出一个结论,那就是"满怀兴趣地学习收到了成效,成功给人以鼓舞,给人以力量,给人以兴趣","直到正常的学习变成习惯,实验也不再是实验了,它已经成为一种常规。"

如此来看,只要我们对学习产生了兴趣,学习起来就会有好的情绪,而好的情绪自然也将会让我们感受到学习的愉快。而这也恰恰就证明了,学习兴趣的确是可以被培养出来的。

而参考C·索洛维契克的实验,我们就可以意识到,要获得对学习的兴趣,其重要的一环就是要有良好的情绪。也就是说我们得满怀开心地去面对学习,别总是想着自己怎么就是学不会、怎么就是听不懂,试着多想想在这门课程上都可以学到些什么。

比如,就语文课来说,可以学到不认识的字、学会不错的词、学会一些好的说话方式;如果是数学课,就可以学到一个公式、学会计算的方法,或者说找到了解题的好思路;若是英语课,那就是学会了单词,了解了一种语法,会用某些句式;等等。

只要是学习,就会给我们带来好处,多想想这些好处,想想自己经过努力之后将会有怎样的收获,相信我们的情绪自然会变得好起来。

而且,在学习过程中,也不可能总是那些枯燥无味的知识,也会有好玩的知识趣闻出现,不如静下心来,别一开始就给自己下"这门课程没意思"的暗示,越是单纯地去接触知识,我们也就越能容易地进入到某些课程中去。

有一个小技巧可以试一下,在学习这些课程之前,先找找与之相关的有趣的小故事,或者先了解一下这些知识的背景,然后再去系统地学可能就会显得更轻松一些。

多找一找偏科的原因

回想一下我们自己的学习，都会在不同程度上存在偏科的现象。有的偏科可能不那么严重，各门课程学得都还算可以，只是有那么一两门课程会比其他课程学得更好一些，这样的情况还算好，至少各门功课也算均衡发展，而那些学得更好的课程也可以看作是特长发挥。但有的偏科可就严重了，自己喜欢的课程就学得特别认真，不管是练习还是考试都能轻松自如地应对，成绩也多半不错；而对不喜欢的课程简直就是两重天的待遇，能偷懒就偷懒，能不理睬就不理睬，如果实在躲不过去，也只是草草看两眼应付了事。

而我们中的大多数人，应该都是后一种偏科，也就是我们不喜欢的那些科目，会被我们忽视掉，结果直接导致总成绩被拉得很低。就好比是正负相抵一样的效果，到头来吃亏的还是我们自己。

该找找偏科的原因了，看看到底是什么导致我们不能将所有精力均衡分配到各个学科之中。

兴趣

因为兴趣而导致的偏科是最常见的偏科原因了。就如前面一节所提到的那样，我们会对某些科目兴趣盎然，但同时也会对某些科目毫无感觉。显然，能让我们兴趣盎然的科目自然会吸引着我们付出更多，而毫无感觉的科目也会如陌路人一样，让我们"过目即忘"。

难易程度

不同的学科其内容的难易程度也会各有不同，有的学科知识一点就通，但有的学科则如一块石头般难啃。显然,更好学的科目也就更容易为我们所接受,而那些不那么容易理解的内容也许就会被我们慢慢地疏远。

内容的生动与否

有些课程的内容颇为生动,小故事、趣闻甚至是笑话比比皆是,本来就爱热闹的我们自然更愿意接纳这样的知识;但有些课程的内容就显得枯燥晦涩,通篇的讲解,或者满是定理公式,一眼看上去就没有想要学习的欲望,对这样的课程我们多半都会敬而远之。

老师的讲课方式

很有能力的老师,会把课程讲得通俗易懂且深入人心,更有利于我们的学习,所以我们听起课来也就毫无压力,能在老师的带领下自然接纳知识;但有的老师可能只是照本宣科,或者讲得没那么透彻,这样听起课来我们就会觉得像在听天书,犯困的、走神的、偷懒的情况自然也会多起来,连带的课程内容也就被我们忽略掉了。

其他原因

除了以上那些比较明显的原因,还有其他小原因也会影响我们均衡分配自己的学习精力。比如,就是不喜欢某个老师,那么这个老师讲的课也就被"连坐"了;在某门课的某个问题上犯过错误,觉得不好意思或者害怕,于是也就产生了躲避心理;爸爸妈妈强迫我们必须学好某门课,逆反心理一起,偏就不好好学;等等。

也许有人会说,偏科也没什么不好啊,你看著名作家钱钟书,当年报考大学的时候,国文拿到特优的成绩,英文也是满分,但是数学却只有15分,可是他还是被破格录取了,后来还成了学贯古今、兼修中外的著名作家。他这不是也偏科吗?可他却成功了啊!

关于这样的事情,我们得换个角度去看。其实像钱钟书这样的名家偏科的故事还有很多,但是相信他们一开始也并不是为了偏科而去偏科的,他们也曾经希望自己能够均衡发展,并有良好表现的。只不过在日后的学习过程中,才发现自己并不适合发展某些科目,这才转而把学习精力放在自己擅长的科目。

  作为学生，我们这时候可不能以偏科为榜样，应该努力做到全科发展。而且这时候我们所学的内容，都是基础知识。

  我们现在要做的是：努力培养学习的兴趣，争取将各科都"学到家"，等到日后有了可选择的权利时，再选择继续钻研我们更喜欢的科目也为时不晚。

第六章
学习一定有方法,好方法带来高效能

做任何事都会有方法,小到洗个衣服,大到建座桥梁,方法找对了,事半功倍。学习更是如此,找到了好方法,学习效率就会提升;找到了好方法,很多问题可能也就不再是问题,或者说我们就可以规避很多不必要的困难。

敢于提问，从老师身上"淘金"

提问，接着获得解答，这是学习过程中的一个最直接也是最有效的解决问题的方法了。而向我们传道授业解惑的老师，无疑就是解答我们所提问题的最佳人选。这是因为老师是教授我们课程的人，他最了解我们所学的内容，而他也教了很多学生，相信他也经历过很多次问题的"轰炸"。

意大利科学巨匠伽利略在学生阶段就非常喜欢提问，17岁时他考入了意大利比萨大学的医科专业，对于学业上的很多问题，他都喜欢一问到底。

有一次上胚胎学的课程，教授这样讲道："父亲的强弱与否，会决定母亲生男孩还是女孩。父亲如果身体强壮，那么母亲就会生男孩；相反，那些生了女孩的母亲，父亲多半都身体衰弱。"

可教授刚说完，伽利略紧接着就举手说："老师，我有疑问。"

教授一看又是伽利略，心里就老大不高兴，因为伽利略的问题总是一个接着一个，他便严肃地回应说："你是个学生，上课的时候应该认真听讲、记笔记，不要胡思乱想。现在，你的问题提得太多了，这样动不动就提问，也影响同学们的学习！坐下吧！"

伽利略却仿佛没听见教授的训斥，而是直接将自己的疑问说了出来："我不认为这是胡思乱想，我的问题是有根据的。我的邻居就是个强壮无比的男人，但他的妻子却一连生下了5个女儿，这显然和老师讲的刚好相反，这又该怎么解释呢？"

教授毫不犹豫地回答说："我是按照古希腊著名学者亚里士多德的观点

讲课的，著名学者的观点，不会有错。"

伽利略却说："可是亚里士多德讲的这一观点明显和事实不符啊，难道也硬说这是对的吗？我觉得科学就该与事实符合，否则就不是真的科学。"

教授最终被问倒了，而伽利略也因为扰乱课堂秩序而受到了学校的惩罚。但是，这些并没有让他打消提问的念头。遇到问题，他还是会连续提问，并勇敢地追求真理。

敢于提问，这就让伽利略多了许多和老师探讨的机会，就算老师最后被他问倒了，但他还是能从老师那里得到一些对问题的提示或者交流，这无疑也是拓宽他思路的一个途径。而他之所以能问出这么多的问题，也意味着他是真正用心在思考。勤思考、敢提问、能讨论，有这样的学习过程，伽利略在学习上当然就不会被问题所阻碍。

可能有人会说，伽利略这样提问，不是也受到了老师的批评吗？那如果我们去问问题，老师是不是也会批评我们？要是被老师讨厌了那多不好啊！

虽然不能排除有些老师的确对学生们的问题带有一种不欣赏的态度，但不能就此认为所有的老师都不欢迎学生的提问。更何况，向老师提问真的是一个很便捷的学习方法，所以如果能好好地利用好这个方法，我们在学习上也将不会再被问题所困扰。只不过，向老师提问也需要注意技巧。

最好是等下课时间或者等老师提出"谁有问题"这样的话之后，我们再提问题。毕竟像伽利略这样在课堂上忽然就打断老师的话是一种不礼貌的行为，除非老师提前说了或者允许这样的表现，否则我们还是要给予老师最起码的尊重，选择合适的时间去提问。

在问问题之前，最好将问题梳理一下，要让老师清楚地知道我们在问什么，这也方便他的解答。对于自己不懂的地方，或者说自己感觉比较模糊的地方，最好都当成问题去问一问，以确保能将这些知识都学会。

在向老师提问时，一定要带着尊重的态度，别咄咄逼人。古人讲："一日为师，终身为父。"我们要用尊敬的态度、谦虚的语气去提问，如果老师很好地解答了问题，一定要表示感谢；就算老师答不上来，也别因此轻视老师，毕竟老师也不是万能的，我们的确是要从他的身上淘金，可是老师也同样需要学习。

读书要勤思，读思结合有成效

读书是一个综合的"行动"，它不仅仅需要动用眼睛，还要用到手和大脑，如果有可能还要用到嘴和耳朵。眼睛负责看，手负责记录，大脑负责思考，嘴负责阅读，耳朵负责辨认读出来的内容。显然，读书也是一个需要各个器官"通力合作"的行为。不过，一般来说，读书用得最多的就是眼睛和大脑，也就是一边看一边想，简单来说就是读书要"读思结合"。

要想能看得懂一本书，就必须要一边看一边想，眼睛只负责将文字看进去，但理解文字还得靠大脑，所以读思结合是必然。而这里所说的思考，应该是对书中内容的更深一层的思考，就是在理解的基础上所进行的思考。只不过，问题在于，我们到底能将这个思考做到一种怎样的程度。

对于著名作家巴金来说，他的读书过程就是一个思索的过程，在这个过程中，他会思索生活、认识生活，而通过边读边思，他的思想也得到了发展，同时情感也得到了升华。

巴金十几岁时读《说岳全传》，那时他就一直在思考一个问题："秦桧为什么会有那么大的权力？"就是这个问题，巴金居然也想了几十年。

有一次在思考过程中，他忽然想起了自己的一位曾祖，这位曾祖对明代诗人、画家文征明十分佩服，对于文征明在一首《满江红》的词中所说的"笑区区一桧竟何能，逢其欲"的观点，曾祖就称赞他是"诛心之论，痛快淋漓，使高宗读之，亦当汗下"。从曾祖的论点中，巴金终于得出了对那个问题的结论。所以，用自己的脑子思考，顺着自己的思路前进，在思考中读书，在读书中思考，对于读书中遇到的问题要穷追不舍，哪怕是过去了几十年，也别放弃，最终总能在某个契机之下，得到自己想要的答案，而这正是读书的乐趣。

巴金自己写书之后，前言、后记时越写越短，追求那种几句话就能引发深思的效果。其实这也是他对读者的希望，他希望读者能独立思考，也能像他那样做到读思结合。

巴金给我们做了榜样，同时也向我们提出了希望，他希望我们在读书的时候也不能只顾着将文字看进眼里，也要让文字能在头脑中多转几圈，对于一些事实、理论、说法也能有自己的想法，这是一个多么好的建议。

爱因斯坦也曾经说过："只用你的眼睛看东西，那是不会发现什么的，还要你的心能思考才行。人们解决世界上的问题，靠的是大脑思维和智慧，而不是照搬书本。学习知识要善于思考、思考、再思考，我就是靠这个学习方法成为科学家的。"

虽然不一定人人都能最终成为科学家，但是爱因斯坦所提的这个用心思考却是值得我们一试的。如果我们也能像巴金和爱因斯坦所说的那样，将读书与思考紧密结合，就能经常锻炼自己的思维能力，相信我们也可以向自己的志向迈进一大步。

所以建议在读书的时候，最好读得慢一些，一字一句都要看进去，边看边想这句话是什么意思，自己对这句话有什么感觉，尤其是那些能触动我们内心的话语，不如多思考一些时间。手边也最好准备好纸笔，对于自己感触颇深的文字、对于一些疑问，都可以随手记录下来，这也会更有助于我们日后的思考。

可能又有人会说了："我整天都在看书难道还有错了？我也看了不少的书啊，看了不就行了吗？"其实这不是错误，只是看书不能只是单纯地看罢了。

英国著名物理学家卢瑟福曾经经历过这样一件事。

有一天深夜，他巡查实验室的时候，发现有一位学生还在里面认真地做实验，便问他怎么还不回去。学生的回答也颇为老实："我在做实验呢。"

卢瑟福就问他:"上午你在干什么?"

学生说:"做实验。"

"那下午呢?"卢瑟福继续问。

学生还是很诚实:"做实验。"

卢瑟福不动声色,还是问:"晚上干什么呢?"

"就像现在这样,做实验啊。"学生愉快地回答,满心以为这位教授应该会夸奖自己勤奋了。可是卢瑟福却很严肃地说:"你整天都在做实验,那什么时间用来思考呢?"

对于前面那个"整天看书还有错"的疑问,我们也可以这样来理解,如果整天都在看书,看似看了不少的书,可是什么时间在思考呢?看了很多书却不去动脑子,那就相当于白看。

所以,读书别只是看热闹,一本接一本地看不能算错,可一定也要留下思考的时间,不管是边看边思考,还是看完之后再思考,总之一定要有思考的过程,这样子的看书,才能让我们真正从书中看出门道,看出收获来。

会做读书笔记和课堂笔记

每天上课的时候,我们的课桌上都会摆些什么呢?除了必要的课本,有没有准备好笔?有没有准备好笔记本?每天读书的时候,我们是只抱着书看吗?还是说也会记录些书中的和自己想到的东西?

有人说,听课得会听,听懂了记住了,就保准没问题,记笔记没必要;也有人说,读书不是要靠想吗?多思考就行了。在读书和听课这方面,我们可不能太过信任自己的大脑哦。

1981年,美国心理学家巴纳特进行了一次实验,他选择了一些大学生,给他们每人发了一篇包含1800个词的文章,并以每分钟120个词的速度读给他们听。之后,巴特纳将大学生们分成了3组:甲组被要求一边听读一边自己摘出文章要点;乙组在听课的同时,可以看到已经列好的文章中的要点,但自己不用动手写;丙组则只是单纯地听读,不用动手自己写,也看不到已经列好的要点。学习结束后,巴纳特对学生们进行了回忆测验,以检查大家对文章的记忆效果。

实验结果证明,在听读的时候,自己动手记录摘要的甲组学习成绩最好,听课的同时虽然自己不用动手但却有整理好的摘要可看的乙组成绩次之,而只听读其他什么都不用作的丙组成绩最差。

甲组学生之所以能有好的表现,是因为他们是自己在听的过程中进行总结并写出了摘要,这样的记录方式会充分调动他们的大脑,让他们的手、脑、耳综合行动,听内容,思考内容,然后才能写出摘要,这样一个过程中

第六章
学习一定有方法，好方法带来高效能

就将那些固定的文字变成了他们大脑中自己更容易理解和记忆的内容，所以他们才会对文章的理解比其他两组更深刻。

而乙组的成绩虽然不如甲组，但明显比除了听就什么都不做的丙组会表现好，这其实也是很多学生上课的状态，上课的时候老师也会把一些要点列出来，但是我们如果只是捡"现成的"，自己不动脑思考只是直接复制老师的要点，我们顶多算是记忆过关，只有真正自己动手动脑去总结记录，才意味着真正学会了知识。

其实关于笔记这方面，很多名家大家都有这样的经验，坚持做好笔记，就是提高读书效率最好的方法。

马克思当年写《资本论》时，就曾经阅读大量的书籍，而被他摘记下要点或心得体会的文章就达到了1 500本以上。

列宁读书的时候，也经常会在书的边缘角落写上自己的读书心得、内容摘要。

毛泽东主席青年时代读书时也一直坚持做笔记，仅就一本不算厚的《伦理学原理》，他就记录了上万字的摘要记录。

俄国著名作家果戈理，在上学时期也是记录读书笔记的好手，他有一本厚达147页的大笔记本，里面记录的内容从作家的思想言论，到史地知识摘抄，还有果戈理自己写的作文，更有他随手记录的一些各民族风土人情。

著名数学家王梓坤在积累资料的过程中，经常会将书中的精彩段落摘录下来，而且他还经常随身带着笔记本，一有空闲就会边翻阅笔记本边思考。他曾经说过："读书应做有心人，要善于平时逐渐搜集对日后有用的资料，把它们写成日记。"

著名作家吴晗也说："读书是学习，摘抄是整理，写作是创造。……要想做学问，就要多读、多抄、多写。除此之外，没有什么秘诀。"为了考证建州的历史，吴晗曾经将《李朝实录》这部明清两代重要的文献摘抄了三百多万字；为了搞明史研究，则积累了一万多张能装满三大抽屉的资料卡片。

同样是著名作家的钱锺书先生也是"勤奋笔记一族"，在牛津大学图书馆读书时，他就养成了做笔记的好习惯。在后来的读书写作过程中，他的全部外文笔记加起来就有178册，如果再加上打字稿，全部的外文笔记就能达到34 000多页。除了外文笔记，钱锺书的中文笔记也同样数量可观，据他的夫人杨绛先生回忆，钱锺书的读书心得写成了日札，这样的日札就有23册，有2 000多页，分成802则，如果按照每页300字计算，这个笔记的总字数也得有2 100万，若是每页400字去算的话，就能达到2 800万字以上。正是这大量的读书笔记，才让钱锺书获得了甚至远超其同辈人的学识，这为他的研究和写作提供了多么殷实的基础。

这些名人在读书时，都有记录读书笔记的习惯，而在读书笔记的帮助下，他们也都获取了大量的知识，这些实例足以证明，记录读书笔记会对知识学习有巨大的帮助。

所以不管是听课还是看书，我们最好也在手边准备好一支笔，随时记录、随时写写感想，既方便听课和阅读，也能帮助我们更好地理解课程内容或者书本内容。

如果是记录课堂笔记，那就要做到手眼耳脑协调运动，因为老师讲课过程中是不会停下来的，所以我们的记录要抓合适的时间，可以记录一些简略的语言文字，待日后再补充完全，切记不要只顾着抄写板书或者只顾着发表自己的感想，而忽略了老师正在讲的内容，一定要边听边记边思考。这个能力是需要不断练习才会越来越熟练的。

如果是读书笔记，我们也要静下心来去记录，可以准备一个笔记本，也可以就在书的旁白地方进行记录。但要注意别把书画得乱七八糟，至少书的主要内容文字还要能看得清。建议最好在笔记本上去记录，可以按照书的分类或者按照时间顺序来写，内容要清晰，不一定非得写多长，可以摘抄书中的话，也可以发表自己对某些内容或者整本书的感想，这些内容说不定在什么时候就会对我们起到重要的作用，所以最好妥善保管。

找到属于自己的最佳记忆时间

记忆是每个正常人都会有的能力，但是到底什么时间记忆力最强，人与人之间是存在差异的。有很多人可能会去关注一些记忆方法，然后按照那些方法中提到的记忆时间去做，虽然那些方法也有一些作用，但是如果只是跟随别人的记忆方法去学习，就显得太盲目了。

因为每个人的记忆能力都是不同的，我们都有属于自己的最佳记忆时间，为了能获得更好的记忆效果，我们倒不如好好研究一下自己的记忆能力，以找到最适合自己的记忆方式。

1978年，美国圣约翰大学的里塔·邓教授和肯尼斯·邓教授做了一项实验，他们召集了一些志愿者，对他们一天当中的记忆力进行比较。最终根据实验结果，他们将人的记忆最佳时段分成了4大类别：

大约30%的人在早晨的时候记忆力最佳，说明这些人在早晨刚一清醒过来时就已经处在了吸收新知识的状态中。

有30%的人最佳记忆力出现在下午，也就是说吃了午饭之后，他们的大脑才开始工作。

还有30%的人，他们在晚上的时候会有超强的记忆力，这就是被世人称呼为"夜猫子"的人。

大约10%的人的最佳记忆时间是不确定的，或者说他们可以在任何需要学习的时间里都能集中精力记忆更多的东西。

通过实验数据可以发现，每个人的最佳记忆时间并不相同，所以如果周围有同学介绍经验说"早上背单词效率高",那么这就意味着这时候一定是他的最佳记忆时间,却并不能意味着这时候也是我们的最佳记忆时间,假如我们早起也去背单词却发现没记住的话,如果不是我们自己没努力认真对待背诵这件事,那就不用太过担心,没准儿我们的最佳记忆时间真的不是在这个时候。所以,只要好好留意一下自己在什么时间里精神头最好,或者说在什么时间里学东西、记东西最快,就能很好地确定自己的最佳记忆时间。

那么我们就不妨这样来试试看:

找不忙的一天,早上起床之后,拿一本书过来,可以先回忆一下已经记住的旧内容让大脑熟悉一下"流程",然后再翻看书,看看能不能记住一段新内容。如果能记住,也别过早断定自己的最佳记忆时间就在早上,可以先记住这个结果。

等到了上午的时候,回忆一下早上记住的东西,如果想不起来,再翻看书的话也记不住的话,那么就说明早上并不是最佳的记忆时间,同时也能印证上午的记忆力也不算太好。

不过,如果上午回忆的时候,发现头脑格外清晰,甚至有可能比早上记忆的还要好,那就说明最佳记忆时间有可能是上午,而并不一定是早上。

过上几天,再换另一个时间段重复一下这样的过程,看看到底在什么时候自己的记忆力能发挥得最好。之所以要过上几天,是为了防止一天内连续测试导致自己都不能更好地确定最佳时间了,也就是要给自己的记忆一个缓冲时间。

一旦确定了自己的最佳记忆时间,就要有意识地在那个时间里多进行记忆活动,一方面可以提升我们记忆的效率,另一方面也可以对自己的记忆能力加以锻炼。

寻找学习的薄弱环节，并一举突破

学习是一个并不那么好把握的过程，可以这样说，可能只有极少数的人是可以毫无压力地应对学习的，不管学什么他们都能轻松处理，而且还能学得不错。但大多数的人，在学习方面总会出现薄弱环节。前面也曾提到过偏科的话题，其实偏科也就意味着他们在某些科目上的学习是薄弱环节。

对于薄弱环节，不同的人会有不同的心理。有人会产生畏惧心理，也会有人愿意迎面直上，将自己学习的薄弱环节一举突破。

我国著名生物学家童第周小时候跟着父亲读过私塾，学到了一些文史方面的知识。尽管童第周对知识十分渴求，但家境困难的他却没法走进学校。直到17岁时，他才在哥哥的帮助下进入了浙江省立第四师范学校预科班。

对于这个来之不易的学习机会，童第周很是珍惜，可是文史学习还好，至少有小时候的一点基础，但数理方面就几乎是零基础了，所以他学起来十分吃力。但童第周却并没有灰心失望，而是牢记父亲给他讲过的持之以恒的道理，更加努力学习，决心要赶上同学们的学习进度。

不仅如此，童第周还为自己确立了更高的目标，他下决心要考进当时宁波第一流的学校——效实中学。可是效实中学不仅十分重视数理基础，还对英语要求很高，而这几门课程恰恰都是童第周的薄弱环节。更重要的是，他从来没有学过英语。面对如此困难，童第周的决心却没有丝毫动摇，从此他在学习上更加用功了。为了能学好英语，还经常学习到深夜。哥哥也被他的决心打动了，不仅答应继续供他上学，还请朋友帮忙打听效实中学的招生情况。

可就在童第周专心刻苦学习的时候，哥哥的朋友却带来了不利的消息，童第周决定报考的这一年，效实中学并不招收一年级新生，只招收3年级插班的优等生。哥哥觉得，从童第周的基础来看，就算是考取一年级入学资格都很费劲，这回学校只要三年级的插班生，他能考上吗？

但哥哥把这个消息告诉童第周之后，童第周却没有动摇，他决心已定，既然学校只招收插班生，那他就去考。从那之后，童第周在学习上更刻苦了，数理科目和英语科目成了他硬啃也要啃下来的骨头。就是凭着这不放弃的韧性精神，他真的考取了效实中学三年级。尽管入学成绩是倒数第一，但一年之后，他却凭借着努力与不放弃的精神，彻底将自己的薄弱环节统统加固，成绩也从倒数第一变为了正数第一，尤其是几何成绩，入学时还不及格，一年后他已经可以轻松拿满分了。

就这样，童第周一门心思刻苦学习，后来他不仅以优异的成绩考取了著名的复旦大学，毕业后还获得了出国留学的机会，32岁时拿到了博士学位。

看看童第周学习的经历，在我们看来，他最初的学习几乎可以称得上是漏洞百出，只知道文史，不懂数理，为了考取心仪的学校，还要从零开始学习英语。这样多的薄弱环节，如果放在我们现在任何一个人身上，恐怕都会觉得这种学习是不可能成功的吧？但童第周却真的做到了，薄弱环节对他来说就只是要战胜的对手，他没有被吓到，也没有想着逃避，这样的学习态度才是他学业有成的最大保障。

那么现在来回想一下我们自己的薄弱环节吧，还觉得不可战胜吗？如果我们也能像童第周那样具备坚忍不拔的韧性和刻苦努力的学习态度，一定也能一举突破自己的薄弱环节。

所谓薄弱环节，就是我们感到学习吃力的地方，学不会或者总是有很多问题的地方。特别是一些一知半解的地方，最容易被忽略掉。所以，对于这些地方，都要一一找出来，这些地方都意味着我们要努力应对。

最好是先自己再认真看一遍、仔细回忆一下老师的讲课内容，看看能不能自己将其中遇到的问题想通。如果可以通过自己的努力战胜困难那是再好不过了，而且这样的记忆也会更深刻。当然，如果实在有问题，问问老师，请教一下同学，或者有条件的话也可以请爸爸妈妈帮忙找找更专业的老师来讲解，这都是可行的。

而要判断薄弱环节是否已经加固了，就不妨多做做练习，看看自己能不能独立解决问题，如果还有问题就要赶紧解决，记住要能举一反三，切忌不懂装懂。

另外还有一点，不要不懂装懂，一些学习成绩总体还不错的人特别容易犯这个毛病。薄弱环节是一块短板，这一块弥补不上，总体成绩总是会比别人差一些。若想全面发展，就要正视薄弱环节，别弄懂了一道题就认为自己已经不薄弱了，一定要虚心，反复确认，多学习几遍，这样才能保证真正加固薄弱环节。

预习和复习，取得好成绩的"法宝"

学习是一个过程，学前需要预习，然后才能开始学习，而学完之后更需要复习，这样的一个学习顺序是必需的，如果少了过程中的任何一步，都将会影响最终的成绩。换句话说，若想要在学习上取得好成绩，努力学习是重头戏，但学前的预习和学后的复习也同样是必不可少的，倒不如说，预习和复习，才是取得好成绩的"法宝"。

预习

对于学习来说，预习就是在学习之前进行的自学准备，以求达到更好的学习效果。有人会说了，反正老师课上也要讲，提早预习有什么必要吗？当然有必要啦！

先来看一则历史故事吧：

战国时候，齐国将军田忌很赏识投奔而来的孙膑，尽管孙膑此时因为受刑而变成了残疾，但田忌却爱惜他的才能而待他如上宾。

田忌经常与齐国众公子赌赛马，孙膑发现大家用的马脚力都差不多，都是使用上中下三等的马来比赛，于是便对田忌说："您只管下大赌注，我保证能让您取胜。"田忌便按照孙膑的安排，用下等马对付别人的上等马，用上等马对付别人的中等马，用中等马对付别人的下等马。比赛最终结果，田忌三局两胜，赢得了千金赌注。

这个故事其实也就是古人所说的"凡事预则立，不预则废"。比赛前，孙膑对马的状态进行了观察，在心中预想了比赛的场景，并根据观察与预想进行了安排，所以比赛进行时他才能胸有成竹，并最终取得了胜利。这算不算是"预习"的结果呢？

那么，如果不好好预习行不行呢？再来看一则历史故事：

《三国演义》中有这样一个故事，诸葛亮为了能实现国家统一大业，发动了北伐曹魏的战争。当时，他命令参军马谡为前锋，镇守战略要地街亭。诸葛亮再三叮嘱马谡，街亭是通往汉中的咽喉，如果街亭失守，那么汉军必败。

马谡骄傲自大，自恃能力不错，不听副将王平的劝告，并没有事先做好防止被偷袭的准备，只是按照自己的设想地将兵马驻扎在山上。结果马谡带领的军队被魏军将领张郃切断了水源、掐断了粮道，军队被围困于山上，再加上魏军纵火烧山，蜀军不战自乱，最终大败。马谡失守街亭，导致战局骤变，汉军不得不退回汉中，错失战机。尽管诸葛亮爱惜马谡是个人才，却也不得不挥泪将其斩首，以惩其过，以正军威。

马谡的确也预习了，但他却狂妄自大，只死抠了兵法书本，既不认真，也不虚心，结果他的预习相当于"白闹"，不仅毁了战局，也搭上了自己的性命。

可见，预习会让我们对即将进行的学习有一个较为完整的全局掌控，而良好的预习又能帮助我们在接下来的学习中更快扫除障碍。

所以，如果明天要学习新课程，那在今天晚上，就拿出书来好好看看吧！看看要讲的内容是什么，可以先了解一下内容的大概；看看自己在哪些地方是不能理解的，画下来或者记录下来，等听课的时候就着重好好听听这些部分；看看自己有没有什么疑问，也要记下来，要么等着课上老师给解决，要么就等着下课问问老师或者和同学们讨论一下。

预习一定要认真，不是说翻看一遍就算了，也动动笔，记录些自己的疑问或者心得，这对于第二天的学习绝对是有好处的。

复习

说完了预习，再来看看复习。复习，就是把以前已经学过的东西再重新学习一遍，以增加对这些知识的印象，并能保证它们在自己的脑海中留存更长的时间。

复习是一个加固的过程，这个过程可以保证我们既能加固已学会的知识，还能查找存在漏洞的地方，能帮助我们及时弥补漏洞，从而避免了在考试时被漏洞影响成绩。

有人认为，学习的时候都已经学会了，日后再学一遍很浪费时间，多没必要。其实不然，再来看一则故事吧：

古英格兰有一首著名的民谣，其中唱道："少了一个铁钉，掉了一只马掌。掉了一只马掌，丢了一匹战马。丢了一匹战马，败了一场战役。败了一场战役，丢了一个国家。"

这首民谣说的就是英国查理三世的故事，当时查理准备和里奇蒙德伯爵带领的军队进行战斗，这场战斗将决定谁来统治英国。

战斗开始的那天早上，查理三世派一名马夫去准备战马，马夫却发现，战马的马掌松了，便急忙牵着战马找到了铁匠，要求他给国王的战马赶紧钉马掌。铁匠不敢怠慢，赶紧忙碌起来。可是，钉到第四只马掌时，却发现铁钉不够用了，就差一个钉子。

但此时，上战场的号角已经吹响，铁匠来不及重新打钉子，最后一只马掌只能凑合着挂在马蹄子上，马夫也只得牵着马赶回去。

查理三世骑着马冲进了敌营，可是刚冲到了一半，那只不牢固的马掌就掉了，随即战马翻倒在地，查理三世被重重地摔在了地上，领导者落地，军心立刻涣散，敌方军队迅速抓住战机，一举扭转战局。

试想一下，如果铁匠是个细心的人，经常检查自己的工具，当感觉铁钉不够用的时候，他就能提前多打一些，那么他就不会有不够用的铁钉；如果马夫也是个细心的人，在每次战斗结束后都能认真检查战马的情况，就能及早发现战马的马掌松动的情况，也就能尽早将战马送到铁匠那里加固马掌；如果查理三世同样是个细心的人，那么他就能想到吩咐马夫经常检查战马。如果这些如果都能成真，那么历史的进程就将会是另一个样子。

怎么样？复习重要吗？及时检查过往，及时弥补漏洞，我们就都能避免犯下因为小问题而影响大局的错误。所以，还是重视起复习来吧，不管是日常学习之后的复习，还是一段时间之后的阶段性复习，我们都该认真对待。

每天结束一天学习之后，要想着再将之前学过的内容翻看一遍，让这些知识在大脑中多转几圈，以保证记忆的牢固性，发现问题，及时解决。而学习了一段时间之后，也要想着进行一次阶段性的复习，因为我们的记忆力是呈减退形式的，以前记住的东西可能会被遗忘，所以及时复习就能让记忆恢复，而且经常复习，也能让记忆更加深刻，甚至能长久不忘。

会学习也得会休息，劳逸结合

如果一直让大脑保持高速运转，不间断地学习，大脑和身体都会变得疲惫不堪。这种疲惫会让思维反应变慢，身体也会发出抗议，到时候即便精神再多么坚韧，恐怕也无法集中精力去吸收更多的知识了。

所以，会学习也得会休息，休息可以让大脑和身体充分地养精蓄锐，好好地休息就是为了能更好地继续学习。

世界上有很多名人看起来都非常忙碌，有人可能会说，这些忙碌的人都是怎么做到那么多事情的呢？其实，名人不是不休息，只是休息时间相对比一般人少，但是他们的休息质量普遍都很高，他们都是会休息的人。

俄国作家列夫·托尔斯泰，会通过做运动来进行休息。还是青年的时候，他就十分喜欢体育，不管是骑马还是体操都样样精通。所以在后来的写作过程中，感觉累了，他就会停下笔，来上十几分钟二十分钟的器械体操，身体得到锻炼的同时，大脑也就得到了休息。

马克思也并不是长年累月连轴转工作。感觉累了的时候，就会和女儿做做数学游戏，或者读一读自己最喜欢的文学作品，让自己的大脑从严肃的哲学问题上暂时解放出来。

英国前首相丘吉尔可谓是日理万机，每天晚上他的睡眠时间只有四五个小时。可是，他却始终能保证自己有充沛的精力，他的秘诀就是，从来不会等到筋疲力尽的时候才去休息，并且在每天中午的时候都要睡1个小时，保证自己的身体不连轴转。

第六章
学习一定有方法，好方法带来高效能

周恩来总理更是个大忙人，可他却能抓紧一切时间休息。比如，乘车去接见外国客人前、会议休息的间隙等这些零碎的时间里，他都会闭目养神或者打一下盹。就是利用这些零散的时间，周总理来让自己紧绷的神经稍微放松一下，以缓解精神上的疲劳。

……

也就是说，别看很多人忙碌起来废寝忘食，但实际上他们之所以能一直保持这种忙碌的状态，却在于他们的会休息。他们非常看重休息，甚至休息期间不愿意有人打搅。

被誉为"20世纪毕加索之外最伟大的艺术家"的英国画家卢西安·弗洛伊德，非常重视休息。

有一次，英国女王伊丽莎白想请他为自己画一幅画。来到他的画室时，女王看到弗洛伊德正靠在躺椅上闭目养神。有人便提醒他说："女王陛下来了，请您来画一幅画。"

哪知道弗洛伊德抬眼看了看女王却说："我正在休息，现在没时间为您画画。"

众人为弗洛伊德的无礼感到生气和惊讶，女王却微笑着说："没关系，您先休息，等以后有时间再给我画吧。"说完，女王轻轻退出了画室。

事后，有人问弗洛伊德："女王陛下驾到，您不但不殷勤一点，怎么还说自己休息呢？"

弗洛伊德却回答说："休息的事，比天大，我怎么能随便放弃正在休息时的那份美好和恬静呢？"

女王的宽容值得称赞，但弗洛伊德的"休息比天大"的论调，是不是也该引起我们的注意呢？也可以这样来理解弗洛伊德的做法，休息是为了让自己的身体更好地恢复元气，到时候灵感一来，便有足够的体力、脑力去完成精彩的画作，这可要比放弃休息赶工画出来的作品棒得多。

透过这些名人们的经历，我们也该从中得出一个结论了，那就是忙碌之后一定要懂得休息，就像是一个互补循环，学习，累了便休息，养足了精神之后就能再次开始学习,如此才能长久地将自己想做的事情做下去,对于学生来说,只有会学习、会休息,才会让学习变得不那么劳累不堪。

在学校里,每上一节课,都会有10分钟的休息时间,如果不是特殊事情需要占用这10分钟,我们就该放下书本,好好利用一下这个休息时间,站起来,上上厕所,喝喝水,简单地伸伸胳膊,转转腰,或者在桌子上趴一下,闭上眼睛,让大脑得到休息。此时最好不要再翻着书看或者做什么难做的题,否则大脑将会一直处在高强度的运转之中,而10分钟之后又将再上新课,大脑就总也得不到休息,一旦它劳累过度,可能就会在上下一节课的过程中想要休息,那样一来我们就可能会错失课程内容,这才是真的得不偿失。

而回到家之后,也要合理安排时间,有写作业的时间,也要有让大脑放松休息的时间。特别是赶上不上学的日子,就更该好好安排一下了。要让学习与休息结合起来,劳逸交替,让自己不至于因为总学习而太累,但也不要总休息导致没法学习。所以,休息的度也要考虑进去,休息时间用不着太长,十几分钟足够了。

不过,如果我们真的赶上了忙碌的时间,比如考试前的几天里,我们可能会变得一分一秒都不愿意放弃,那就要学会抓机会休息,像是吃饭的时间、上厕所时间都可以被拿来简单放松,闭目养神,以保证自己的大脑不会一直那么累。

第七章
专注，把精力集中在学习上

精力集中，才能更好地做事，学习也是一样。也许我们更希望有一个五彩缤纷的生活，但专注的学习与快乐的生活并不构成矛盾，倒不如说，专心是做好所有事情的通用法宝。所以，要想取得好成绩，那就收回你的心思，好好开始读书学习吧！

精神集中才能拥有好成绩

不知道你有没有过这样的经历？某个时刻，很专心地在做一件事情，连周围的声音都听不到，周围发生的事情更是注意不到。直到有人过来拍你的肩，或者用其他方式干扰了你，你才仿佛突然惊醒一般，反问："干什么？"而对方的回答则是："叫你好几声你都没听见。"

这样的场景其实用4个字就能形容了，"精神集中"。正是因为在做某件事时精神集中，人才会分不出多余的精力去关注其他的东西，而管理听觉、感觉的神经也才会不那么敏感，从而间接地让更多的关注点集中到手底下正在做的那件事上。

想想看，如果我们正在学习，如果能实现这个心无旁骛、耳无旁听的状态，我们该能多学多少东西？

一定会有人说"这是不可能的"，要说是看个小说、玩个游戏，好像很多人都能做得到精神集中，可说起学习，那太难了。估计也就那些学习尖子能做到吧，我们可做不到。

而事实似乎也证明了这一点。

2013年辽宁省沈阳市的中考状元姜思雨就是一个学习专注的孩子。爸爸是出租车司机，妈妈是超市的售货员，平时工作都很忙，而姜思雨对自己的要求很严格，家里虽然经常有亲戚来串门、照顾她，但只要她在学习，就会专心得"两耳不闻周围事"。即便周围人高谈阔论，她也不会受影响，有时候高声喊她，她都听不到。

能够在嘈杂的环境中做到如此专心致志,这个女孩的学习成绩能不好吗?

说到学习尖子,每个班都会有那么一两个学习成绩出类拔萃的学生,姜思雨显然也属于学习尖子。在我们眼中,这些学习尖子和学习好像都是"亲戚",他们和学习那么亲密无间地在一起,最终还能取得好成绩。而我们,一定和学习没什么亲戚关系,所以才"两看两生厌"。

其实这话错了,学习一直都在我们身边,与我们密不可分,只不过是我们自己没有肯花精力在它身上罢了。精神集中,专注地去学,绝大部分人应该都能收到回报。这与是不是尖子无关,只要开始注意到精力集中对自己的重要性,从今天开始集中精神去学习,明天难保我们不会变成尖子。

所有说"我精力不集中"的人,都只是对自己下了一个暗示,我们觉得自己无法集中精力,只是自己的感觉罢了,如果能在其他事情上集中精力,那么在学习上专注也并不是难事。

说到这里可能又会有人问了,为什么非要说精力集中呢?学习好不好,只是专注就管用吗?我觉得我精力挺集中的,可我还是没取得好成绩啊!

能问出这样的问题,就说明精力还没有集中,过分关注精力集中与学习的关系,也会让我们分神。意思就是,如果要学习,眼中就该只有学习,学习知识、提出问题、解决问题、积累经验、总结知识……这些事情才是我们该做的。

在学习的时候精力集中,我们的大脑就不会有多余的精力去处理其他杂事,这就好比他人都在做一件工作,那么这件工作的完成效率应该会比一个人单打独斗要高得多。同样道理,大脑中的所有功能指向都是学习的话,就会产生一种"众人拾柴火焰高"的效应,眼睛会仔细看、耳朵能仔细听、手也能动得更精准、嘴也会念出错误更少的内容、思想也将围绕着学习内容来展开。如此协同合作,知识还能从我们眼前溜走吗?我们还会抓不住它吗?

别想太多,学习是我们身为学生责无旁贷的一件事,那就正面面对它好了,该做什么就自然而然地去做,不要瞻前顾后,也别担心其他,在该学习的时间段里，将我们整个人都交给学习就好，与之坦诚相对，它也会以我们所想要的结果来予以回报。

当然了，学习不仅仅需要精力集中，也需要有好的学习方法，在后面的几节里，我们将会学到更多能教我们专心学习的方法。而这时候我们需要确定的，只是自己的态度，别对专注就能提高成绩这样的定论有怀疑，也许有个例，即便专注了成绩提升也不那么明显，但更多的实例证明，如果不专心，是绝对没有好成绩的。

所以，别犹豫，学会集中精力，专注应对学习吧！

勤而不乱，专注"当下"那本书

看书，是学习过程中比较重要的一个环节。学习过程中，我们需要大量的书来当作自己学习的参考、辅助。但是，一个奇怪的事情随之就会在很多人的身上发生了，尽管我们看上去很勤快，眼前摆了很多书，但最终我们却没有从这些书中取得自己想要的东西，或者就算是取得了，也是所取有限，并没有达到我们所想要的那个标准。

比如，有个男孩在作文写作方面并不是很在行，在老师的推荐下，他买来了很多教写作文的书。但是，下次再写作文的时候，他却还是不知道该怎么下手，妈妈说："不是买了很多书吗？"他却摇摇头说："不管用，我看了，都不管用。"

妈妈很好奇，便问他是怎么看的书，男孩说："我翻开了一本，看了一半发现人家讲的不是我要写的文章类型，就换另一本看，可翻了没几页又想起来还得搜集素材，接着就拿搜集素材的书看，但看了看发现人家要求在平时去搜集，可我现在要用，那就只能去找当下能用的办法，这几本里没有的话，就换另一本呗……"

妈妈终于找到了男孩的症结所在，说："我说怎么看你看了那么多书，却一点用都没有呢，原来你看书还不够专注，应该看完一本再看一本，可不能想起来什么就去看什么，否则你可什么都记不住。"

每本书都看，表面看上去是很勤快的表现，却也恰恰就是读书学习的大忌。就现阶段来说，我们并不具备"同时看几本书还能保证将几本书的内容都吸收进来并没有出乱子"的能力,我们看书,应该"看一本专一本",而不能几本书都摆开,这样的"龙门阵"一摆,那最先陷入阵里的可就是我们自己了。

要看书学习,就好比走路,一步一个脚印踩实在,才能走得稳。所以,就算是勤快地翻看很多本书,也不能这本看两眼、那本看两眼,而是要专注手中的那一本,看完一本再换另一本,这样才能保证所有书本中的内容都不会被落下。

具体怎么操作呢?

首先,列个看书"计划"。

需要参考的书可能的确有很多,可以把需要的几本书都准备好,但是要先列一个看书的计划,然后再按照计划一本一本接着往下看就好。

这个计划可以以内容来划分,比如,一道数学难题,涉及几个知识点,那么就可以找与这几个知识点相关的书来,然后按照知识点一本一本去看;也可以以问题层次推进程度来看,有的书是讲解基础的,可以先看,先了解大概,有的书讲得比较深奥,可以放在其后去关注。

其次,试试随手记。

其实看书过程中随手记是个不错的阅读方法。看到比较重要的知识点,随手记在纸上,需要回顾相关知识点时,只要看看纸上的内容就一目了然,这样读书效率很高。

再次,保证把手中的书看完吃透。

这里所说的"看完吃透",不是说一定要把一整本书一字不落地都读完,有时候我们所需要的可能只是书中的一部分内容,所以只要能把自己需要的那一部分看完吃透就可以了。

而所谓的"看完吃透",就是要看懂,体会其中的意思,将新学的知识与以往的知识相联系,要能让新旧知识贯通,对我们的学习起到促进作用。

最后,一定要真的专注起来。

订好了计划,准备好了纸笔,也决心把书看完吃透,可接下来的情况却是：一会儿站起来喝口水，一会儿又去翻翻书架，一会儿想起来还有某一科作业没写，一会儿又觉得是不是快开饭了……一本书，一段内容，却总也看不完，这想必也是我们的另一种"生活常态"。

既然要看，就真得专心去看，把手里正拿着的书拿稳，别轻易就放下；眼睛该看的文字，一行行看过去，别一扫而过；脑子也要随着眼睛动起来，想想看过的文字所表达的意思，想想与自己学习中遇到的问题有什么关联，看看这本书中的内容是不是对我们的学习有帮助。一本书，既然开始读了，就总该让它的真正价值得到体现才好。

把握课堂"黄金45分钟"

上课铃响了,同学们纷纷坐好,等着老师进来上课。但是老师刚讲了没多久,一个男生的注意力就被前排同学课桌里书包上的赛车图案吸引了,盯了半天,等到老师说让全班一起朗读时,他才回过神来。朗读结束,男孩忽然又发现课本上某个字是多音字,于是他好奇地翻出字典研究起来,终于弄明白这个字读几个音之后,他又发现窗外大树上有几只鸟,于是又干脆将脑袋转向了窗外。直到老师点了他的名字,要他回答问题,他才发现自己刚才压根儿就没听老师到底说了什么……

这不一定只是这个男生的课堂表现,很可能也是很多同学的课堂表现。回忆一下我们的课堂,自己都干过些什么事情呢?手托着下巴神游,偷偷吃课桌里的零食,偷看课本下压着的漫画书或者小说,和同桌讲悄悄话,和离得挺远的同学传纸条,睡觉,做别的科目的作业,在课本上涂鸦……

而课堂上的这四十多分钟时间却是我们的"黄金时间"。之所以要这样说,是因为学校里的课程安排都是有目的,也是有进度的,每一堂课要学什么,老师要怎么讲,学生应该掌握到什么程度,都已经安排好了。而且老师讲课的内容,也多半都是书本中知识点的精华和浓缩。不管是知识点讲解,还是难题解答,老师都能用最浅显易懂且最精练的话语进行,只要不走神,只要认真仔细地听,我们应该都能很快理解,并记住这些知识内容。

也许长大以后,课堂上做过的事情都会变成一种有趣的回忆,但对于现在的我们来说,课堂上的任何一种非认真听课的行为,都是在扰乱自己的专注力，都是在让自己白白错过学习的大好机会。

只要我们充分利用好课堂的40分钟时间，就可以把课上所学知识掌握，这可比自己课下啃课本容易得多，老师的讲解让我们能少走许多弯路、少浪费很多时间，这一笔账，我们可要算对哦！

所以，课堂上的黄金时间，别再轻易浪费了，调整一下精神，集中注意力吧，好好把握这40分钟，做一个对得起自己，也对得起老师的好学生。

该如何度过这一段时间，安排很重要。在上课前，可以先看看这一节课要讲什么，如果是讲新课，那就先翻一遍课本，把自己不明白的地方标出来，把自己感到疑惑的问题记下来，等到上课时，紧跟老师的思路，尤其是当老师讲到自己不明白、有疑惑的地方时，更要认真听；如果是讲解习题或者复习的课程，课前就将自己出问题的地方标出来，把自己搞不明白的地方记下来，如果老师课上讲解了，就认真听，如果依旧不明白，就当堂提问或者课下咨询。

再者，老师讲课都是有艺术性的，除了传授课本上的知识外他还会穿插一些有意思的内容，只要我们跟着老师的思路走，就能发现他想要让我们理解和感受到的知识的快乐。

有的同学可能又会说了，听课的时候还是不小心就会走神，控制不了啊！走神这个问题，大部分人都有，其实还是跟我们没有集中注意力有关。

老师们开始讲课时，都会有一段开始语，这段开始语多半都会有个问题，或者是个能引导我们思考的话题，从这时起，就跟上老师的思路吧，老师让干什么就干什么，将老师的话听进去，至少在一堂课的前三分之一，我们应该不会走神。

讲了一段之后，老师应该会给大家一个缓冲时间，比如可能会说"大家讨论一下吧"，这时候，可别放松下来，既然是讨论，就真的讨论课堂的内容，说问题，讲问题，或者把自己刚才没太懂的地方和同学们讨论一下，总之就是在大家能畅所欲言的时间里，总是围绕着课程内容来展开，别讨论其他无关话题，这样我们的思路就不会被带跑。

每堂课的最后时间，往往是老师总结的时候，也是我们最容易放松的时候，这时老师多半会留作业，或者留问题去思考，此时倒不如拿出笔来，把老师说的内容记下来，如果有板书，那就抄下来。这时我们的脑子应该也累了，所以看见什么就抄什么，听见什么就记什么，这能防止我们因为精神疲劳注意力不集中而落下老师说的重要内容。

上一节课，的确挺累，高度集中注意力是很不容易的。不过既然学校有这样的安排，就一定有它的道理，况且我们也并不是做不到集中注意力，如果按照上面说的试试看，就会有进步。培养听课的能力需要一个过程，一点一点进步，总有一天，我们会发现课堂时间其实过得还是蛮快的，到那时候，我们就可以毫无压力地集中精力听课了。

要培养自我控制的能力

决定我们能否集中精力的一大要素,就是是否具有自我控制的能力。所谓自我控制,就是经过自我判断,做出明确决定之后再去做事的一种行为状态。我们的学习过程是需要有自我控制能力的,否则,一任精力四处分散,想干什么就干什么,学习终将毫无进展。

可能我们也都听老师和爸爸妈妈嘱咐过"你要学着控制自己",但是,自我控制这四个字说来容易,做起来很难。如果真的能那么容易就能控制住自己,我们也就不会为精力不集中而着急了。

一个男生经历了老师的一次训诫之后,他写了一篇日记:

"今天老师狠狠地批评了我,因为我上课捣乱了。老师说,我应该学会控制自己,让自己不那么调皮,好好听课。可是,老师说得好容易,我要是能控制自己,不就不会挨骂了吗?好多时候我都不能控制自己,就是想玩,老师讲课也听不进去。唉!这次还好老师没告诉爸爸,不然我可又免不了挨顿揍。"

怎么样?对这个男生的感受,我们有没有感同身受?控制不了自己,便忍不住去做其他的事,这在我们的生活和学习中似乎很常见。

课堂上在老师的管理下,也许有一部分人会表现得稍微好一些,但也有一部分人缺乏自控能力,想起什么就干什么。而在生活中的学习,就已经完全靠自觉了,自我控制能力不那么好的我们,能真的静下心来认真学习吗?多数时间,我们恐怕都是学一阵、干一阵别的事,然后当再想起来时,便回过头学几分钟，之后又想起其他的事时，就又从学习中抽离了。

这其实是个很危险的习惯。如果不能控制自我，便做不到精力集中；精力不集中，自然不能认真学习，将来也就不能认真做其他事，甚至一生都一事无成，这将是个多么悲惨的结局！

对我们来说，培养自我控制的能力真的那么难吗？尝试一下这些做法。

（1）给自己列一条禁令。

之所以控制不住自己，是因为有东西在吸引着我们——好吃的零食、好玩的玩具，又或者是好看的漫画、好看的动画片，还有可能是其他伙伴的召唤、有趣的游戏。

所以，学习之前，先给自己列一条禁令好了，"写不完作业不能吃零食""没背完这篇课文不能看动画片""没做完三道题就不可以出去和伙伴们玩"，这都能成为约束自己的禁令。最好是找张白纸，自己写下来，放在书桌醒目的位置，因为是自己写的，所以其效力会比别人写的要有用得多。

（2）利用好定时器。

培养自己的控制能力，还可以使用定时器。比如，写作业要用15分钟，那就定好15分钟，等到定时器响了之后，才能去做别的事情，如果定时器没响，就得乖乖地坐在书桌前看书写作业。

这个过程也许有些难熬，我们可能会不停地去看定时器，其实没必要，时间就是那么多，看它也不会快，不看它也不会停，既然如此，担心多了也没用，还不如安下心来看看书，好好写作业。定时器一响，我们不就能"解放"了吗？

（3）和爸爸妈妈商量好奖励事宜。

培养控制力，也许我们自己做不到那么好，此时可以求助一下爸爸妈妈。可不是求他们监督哦，靠爸爸妈妈的监督，我们是无法培养自己的定力的，而是请他们给予我们一些奖励。

爸爸妈妈应该也知道我们缺乏足够的自我控制力这个事实，通过前面两种方法的"磨炼"，我们可以向他们展示自己控制力的提升成果。如果真的有了提升，那就让他们给我们一些夸奖，请他们给我们一点动力。

当然，不要向爸爸妈妈要求太多，毕竟培养自我控制能力也是我们原本就该做的事情，自我控制力更是我们人生中必不可少的一项能力，所以别期待能有多么大的奖励，几句鼓励的话足矣。

（4）一点点延长自我控制的时间。

培养自我控制的能力并不是一朝一夕就能做到的事情，所以别轻易就放弃，也别太心急。一点点地延长我们可以自我控制的时间，一开始也许只能控制自己安心学习10分钟，过不了多久就可能延长至12分钟，这就是一个进步，既然能延长2分钟，就可以延长更久。

所以慢慢来，一点点进步，而且我们也是在不断成长的，总会对自我控制有更深、更清晰的认识，我们的心也会越来越沉静，直到能够控制自己的注意力，收放自如。

玩的时候好好玩，学的时候好好学

玩与学，其实是两件事，不过在两种人眼中，它们可以彼此"融会贯通"。一种人，是会学习的人，他们能在学习中发现乐趣，而在玩耍中又能找到自己能学到的东西；另一种人，应该就是不会集中精力、无法好好学习的我们，我们在学习的时候想着玩，玩的时候却又担心还有作业没写完。

显然，前一种会学习的人，不管是学习还是玩耍，都充满了乐趣也颇具收获；而后一种人，学习不踏实不说，就连玩都没办法认真去玩，想来也是一件很"悲催"的事情。

一个四年级小学生在日记中就写了这样一件事：

"原本说好星期六我把作业都做完，然后星期天全家人一起出去玩的，但是整个星期六我都想着第二天要玩的内容，于是想想写写。而且因为是星期六，我也紧张不起来，一会儿看一眼漫画，一会儿画两笔画，一会儿又擦了擦桌子上的瓷娃娃，结果原本很快就能写完的作业，我拖到了下午都没写完。

"爸爸发现了我的表现，没直接批评我，反倒是和妈妈说：'明天我们不出去了，看样子闺女这作业是完不成了，写了一天都没什么结果。明天不去了。'我一听慌了神，可爸爸却铁了心，我真是后悔死了。"

本来是可以去好好玩的，但就因为没有好好写作业，耽误了时间，才受到了爸爸的惩罚，看起来蛮遗憾。但是，导致这种现状，自己不是也该好好反省一下吗？

第七章
专注，把精力集中在学习上

现阶段，我们没有足够的自我控制能力，也缺乏足够的自我判断能力，所以暂时还没办法达到"边学边玩、边玩边学"的境界。而我们可以做到的，应该是回归原始，也就是将玩与学这两件事拆分开来，说得通俗一点，就是玩的时候好好玩，学的时候好好学。两件事，一分两开，互不干涉，对于我们来说，应该比较容易办到。

玩的时候，先抛开所有其他的事情，专心致志地去玩。别考虑还要学什么、做什么，书本也别放在眼前，与学习有关的内容，暂时都先丢开。

当然，玩也要设定好时间，和伙伴们或者和家人约好，从什么时候开始玩，玩多久，到什么时间就可以结束。最好协调所有参与的人的情况，来定出一个合理的玩耍时间。而时间约定一旦定好，所有人都要遵守，不能因为自己还没玩够就强求大家继续玩下去。遵守玩的时间，其实也是培养自我控制力的一种表现。

除了设定玩的时间，玩的内容也要商量好，要玩有意义的游戏既能保证玩得开心，也要让自己玩得专心。

到了玩耍结束的时间，我们也要收收心，玩了这么久，身体和精神都需要休息，精力也不会一直都这么旺盛，调整一下身体与状态，我们就可以继续做更多的事，这不是很好吗？

所以，此时可以去洗洗手，吃点东西，喝点水，坐下来喘喘气，简单回味一下刚才的快乐。等到身体休息够了，等到可以平心静气了，我们就可以进入另一个阶段了。

结束了玩，就该开始学了，与玩相关的任何东西都要抛至脑后。有的孩子会在学的过程中回忆，回忆之前玩耍的快乐，或者预想学习结束后又能玩什么。这都是没必要的，已经过去了的事情和还未发生的事情都不是我们所能掌控的，过去了的再也找不回来，还没发生的又不可能预料得那么准确，只有当下的事情才是我们最该注意的。

一旦进入了学习时间，我们的眼睛就该好好盯着课本和练习，手要动起来，脑子也该转起来。其实这个时候想得多了也没用，因为是已经设定好了的学习时间，这个时间段就算想做别的，也不会被允许的，所以与其反抗这个不可能，倒不如干脆就什么也不想，乖乖学习比较靠谱。

学习也要确定一个阶段性时间，比如要学习1小时，那么在这个1小时里都要学习哪些东西，就要好好安排一下。可以制订一个1小时的学习计划，按照轻重缓急安排好要做的作业、要复习的功课、要预习的内容、要练习的题目等内容，然后一步一步地执行这个学习计划就可以了。

训练专注力，一定有方法

总有同学会说：我天生就注意力不够集中，估计靠训练是解决不了的，反正就是没法好好集中精力去做事。

其实这话说得有些绝对了，还未成年的小学生，注意力不够集中也是情有可原的。因为人的注意力与大脑的发育有关，而人的大脑要到20岁时才能发育成熟。所以，还处在少年时期的孩子，对某一件事无法长时间集中注意力，这也是再正常不过的。

虽然说这个时候注意力不够集中是正常现象，但并不意味着我们就可以以此为借口，不再好好学习。注意力不是生来就如此并一成不变的，只要训练得当，我们的注意力也将越来越集中。

关于专注力的训练，可以试试参考下面一些内容来展开。

（1）学会有规律地生活。

虽然被训练出来的极强的注意力是要用在学习上的，但是关于专注力的训练，却并不是从学习开始的，而是从我们的日常生活中开始的。

只要拥有规律的生活，我们不管做什么都将是有条不紊的，也就不会出现做一件事还想着其他事情的情况。规律生活所创造出来的生活状态，从很大程度上就已经帮助我们规避了不够认真的情况。养成习惯之后，我们不管做什么事也都将是规律的。

所以，可以跟着爸爸妈妈学习怎么生活，每天要做什么，能做什么，该怎么做，每一项都要形成良好习惯。

（2）试着排除干扰。

我们生活的世界五彩缤纷，而从另一个角度来看，对学习能产生干扰的因素也就无处不在，好玩的、好吃的、新奇的、刺激的……一切能进入我们的视线和听觉范围的元素，都能将我们的注意力拉走。

为了不受到干扰，我们应该试着排除那些可以引起我们转移注意力的事物和人，如玩具、小说、有答案的参考书、爸爸和妈妈……这些都是我们需要"排除"的对象。

也就是说，要做一件事情，就应该心无旁骛地去做，如果做不到不被诱惑，那就干脆将诱惑的元素都"请"走，眼前没了诱惑，多少也能让自己的注意力暂时集中在想要做的事情上。

（3）给自己列出计划与规则。

不管做什么，计划和规则都是很有用的。有了计划，做事就会有条理，先做什么后做什么一目了然，而且计划多半都是跟时间联系在一起的，如此安排会让自己的时间利用更为合理。而有了规则，就能防止自己偷懒。规则可以限定奖惩措施，也有利于激励自己。

计划和规则的列出，可以和爸爸妈妈一起来，他们会帮我们确定计划的可行性以及规则是否合适，而且还能给我们一些更合理的建议，并且也可以邀请他们成为我们计划和规则的监督者与执行者。

（4）不用试图"一心多用"。

虽然在同一时间里做很多事情是一种高效利用时间的方法，但是在学习方面，这种"一心多用"却是大忌。毕竟我们还没有那个统筹安排的能力，一心多用的话，很可能所有事都做不好。所以，还是做完一件事再去做另一件事比较好。该是学习的时间里，就专心应付学习，其他的事情都该丢到脑后。

（5）平时也可以做一些小练习。

记忆一连串数字，阅读背诵一些生字，理解一长段话……这些都是提高注意力的小方法。如果觉得自己进行这些小练习太枯燥，就问问爸爸妈妈有没有时间，如果有的话和他们一起来一个小比赛或者小游戏，赢的人有奖励，输的人有惩罚。

　　当然了，和朋友们在一起玩这样的小游戏也是可以的，而且与朋友在一起还有更多可玩的东西，比如拼图、上色游戏、找不同游戏等等。这样的小练习与游戏结合在一起，既好玩又能起到锻炼作用，不妨试试看。

如何"全神贯注"地去学习

学习是需要良好专注力的一项活动,还是前面提到的那句话,只有集中精力去应对学习,才有可能得到好成绩。但对于很多同学来说,全神贯注去学习也是最难做到的。

回忆一下自己的学习状态,在学校,有老师看着,有同学在一旁陪着,我们多少还能专心学习一会儿,但是只要有同学来和我们说了一句闲话,这就好像是洪水开了闸门,我们的心多半都收不回来了,就此开始聊开,或者合上书本再也不学习。如果说话或者做别的事情的同学多了,我们估计也就更不愿意继续看书了,这时还能保持全神贯注的人真是少之又少。

而在家,空间小了,周围的人少了,没人找我们聊闲天,按道理本应该可以认真地学习了吧?事实却并非如此,我们一样也能受到其他因素的影响,桌子上的任何一样东西都能变成暂时消磨时间的工具,家里任何地方的一丁点响动,都能将我们的注意力从学习上拉出来,如果爸爸妈妈在此时再和我们说几句,那么好了,估计安安静静的学习就此又泡汤了。

看到这里,多数同学可能感同身受了,大家会不会也感到困惑:到底怎样才能做到"全神贯注"呢?

来做一个小实验吧。在阳光很好的日子里,把一张纸放在地上,即便晒上一整天,这张纸也不过是有些皱罢了,但大体上还是没有什么明显变化的。但如果拿来一个放大镜,用放大镜将太阳光聚焦到纸上,过不了一会儿,最亮光点处的纸就会开始冒烟,进而燃烧起来。这就证明,如果将能量都聚集到一点上，就可以产生几倍、几十倍，甚至成百上千倍的效果。

同样道理，将自己分散到四处的精力重新集中起来，学习自然也就全神贯注了。要做到"收集"精力其实也不难，可以从改造学习氛围这方面来入手。

在学校的时候，学习是一项集体活动，也是一项个人活动。如果周围同学都在学习，那么这对我们来说应该是一个很大的触动，此时我们自然是该融入这个学习氛围中去的。如果有老师在，那么我们的学习就更加是理所应当的了，不是说要学给老师看，而是要将老师的存在当成是对自己的一种监督，强迫自己将注意力都放进书本里去。

如果有同学开始说话，或者开始做别的事情，其实他们的行为与我们是没有多大关系的，所以没必要非得确认一下别人做了什么，我们此时只需要好好面对眼前的书本就好。至于说有同学对我们说话，或者用什么东西来"诱惑"我们，这就到了考验我们定力的时候了，确定一下自己是不是已经完成了学习，如果没有，那就提醒同学暂时等一下，别在这个时候来打扰。同时，我们自己也要能抵挡住这种"诱惑"，最好反复提醒自己，先将学习完成。

而在家学习和在校学习，氛围是有所不同的。家里只有我们自己在，没有其他同学的干扰，那么为了保证在家学习的全神贯注，就该剔除另外一些干扰了。

比如，要将书桌清理干净。桌子上应该只有与学习相关的东西，包括书本、作业本、草稿纸、文具、工具书等，其他东西能清理都要清理走，包括吃喝玩乐等一应用品，都要让它们从书桌上消失。也许有人觉得吃喝也清理走了多不合适，但是我们如果真的能将精力都投入学习中去的话，也就想不起来吃喝了。而且，我们的学习时间又不会是几个小时不动，就算坚持1小时不吃不喝，对我们来说，应该也没有太大的影响。所以别在这个问题上找借口，清理干净桌子，才是保证我们学习专注的基本要素。

除此之外，也要和爸爸妈妈打好招呼，告诉他们暂时先不要过来打扰，如果不是特殊原因,最好先暂停可以制造响声的活动。当然,并不是说要求爸爸妈妈暂停自己正常的生活,这是没必要的,只不过是不要出现太过突兀的声响或事情,以免引发我们那强烈的好奇心。

第八章
学习态度决定学习成绩

  爱学习的孩子多半都会将精力用在学习上,成绩一般差不了;相反,对学习没有兴趣的孩子恨不得把精力都放在别处,对学习不上心,自然也不会取得好成绩。这就是一个很浅显的道理,学习态度决定学习成绩,好的学习态度自然会有好的学习成绩。

学习态度影响学习效率

学习效率，就是学习成果的最大体现。学习效率的高低，决定了学习成绩的好坏。而具备怎样的学习效率，则是由学习态度来左右的。

这是一个很清晰的因果关系线，但是同学们很多对此却并不了解。他们往往看上去很努力，但是努力的成果却并不令人满意。就好比是一个分数，错误的努力就是分母，正确的努力是分子，分子总也不涨，分母却频频增值，最终的结果当然是越来越小。

有的同学并不觉得学习态度有多重要，他们觉得，自己认真对待了，学习成绩也没见得有多好，自己没认真对待，学习成绩也依然是那个样子，所以态度怎样也没差别。

其实不然，学习态度真的会对学习效率产生影响，现代文学家郭沫若的求学故事，也许可以给我们一个清晰的解释。

郭沫若上小学一年级时，老师讲《十六国春秋》的历史课，其中有大量的胡人名字，如果记不住这些名字，便没法更好地理解事件的发生，而理解不了内容，学习也就受到了影响。为了解决这个问题，郭沫若便和一位同伴一起找了一间自修室，两人在里面苦读、背诵，还进行比赛，直到能将这一整本的历史课内容背得滚瓜烂熟，两人才走出了屋子。

不仅如此，在后来学习的日子里，郭沫若对学习更加认真。不仅仅是上课时认真，遇到放假，他也天天苦读、手不释卷。在读《史记》时，他不仅通篇诵读，还进行分析、校订和评价，在书的空白地方写上批注。对于一些

第八章
学习态度决定学习成绩

精辟的言论和难得的资料,他甚至会整篇整篇地用毛笔抄录下来,放在自己身边以备随时翻阅学习。

如此认真的态度,让郭沫若学到了大量的知识,这些知识在他以后的创作和学术研究中都发挥了重要的作用。

郭沫若对待学习一丝不苟、一时不落,情愿苦读,而他一字一句地背诵、抄录、分析看似是很麻烦的事情,但其实那些他背下来的、抄下来的、分析过了的内容,都变成了他头脑中谁也拿不走的知识,变成了他可以随时取用的财宝。这难道不足以证明,认真的学习态度才换来了显著的学习成果吗?

如此著名的文学家尚且是从一点一滴的认真学习中成长起来的,我们的学习不过刚起步,所以,不要那么早就断定我们的态度对学习是没有影响的。不管怎么说,认真做事总没错,所以何不以一种认真的态度去对待学习呢?

如果是在学校里,就要认真对待每一节课,不管那节课是我们喜欢的还是不喜欢的,既然学校设置了某门课程,那么它的存在就一定是有意义的,带着学习更多知识的心思去听课,尊重老师的劳动,这才是身为学生的我们该有的态度。

老师讲课的内容,都是我们要学习的书本课程的精髓,只有好好听讲,才不会遗漏重要的内容。而且再说得实际一些,这些内容也多半都与考试相关,所以想要有好成绩,认真对待当堂知识的讲解,可是十分重要的。

如果是在家里,不能因为没有了老师的监督和同学的陪伴,就想做什么就做什么,同样也要认真学习才行。该做的作业、该复习的功课、该预习的新章,都是需要学习的内容,列一个计划,安排一下回家后该怎样学习,并尽量在无人监督的情况下好好完成计划。

在学生时代,认真学习理应是一种自始至终的状态,该有学习的样子。或者说,一到要学习的时间,我们就要用严肃态度去应对,越是严谨,我们才越有可能学到真东西。如此一来,好成绩自然也就不在话下了。

不要把学业当作赌气的"筹码"

赌气,也就是负气,因为不满意或受到了指责而出现任性行动。比如:有的孩子因为没有实现自己所期待的愿望,赌气不再好好学习;有的孩子因为和学校老师发生冲突,赌气再也不听老师的课;还有的孩子因为爸爸妈妈没能履行对自己的承诺,或者说对他管教过严,便赌气不上学……

有个上五年级的男生,一次考试成绩不像以前那么理想,先是被老师教育了几句,老师提醒他不要骄傲,要认真对待学习,然后回家后又被爸爸妈妈轮番说教了一顿,父母的总体意思就是,大家都觉得他最近学习不够踏实,所以才导致成绩下滑。

男孩觉得很委屈,觉得大家都不关心他这个人,只是更看重他的学习。既然如此,男孩便赌气地对爸爸妈妈说:"不就这一次没考好吗?至于这轮番训我,那好,我不上学了!看你们还训什么!"

男孩是这样说的,随即也这样做了,他将房门紧锁,谁敲也不开,说死了就是不去上学,可把爸爸妈妈急坏了。

身为学生,学习是我们最重要的"事业",随随便便赌个气都能拿学习来做筹码,这哪里是认真学习的态度?用不学习赌气是很傻的行为,因为学习是我们自己的事情,与其他人是不相干的,或者说对其他人并不能构成多么大的威胁,可以说这个赌气的筹码对他人没有多大的威力。

相反地,用不学习来赌气却是最伤我们自己元气的行为,学习是为自己而学,读多少书也都是为自己而读,赌气不学了、不读了,那么结果就是我们自己错过了学习的大好时光,自己放弃了本可以安心学习的大好机会。而时间是一去不复返的,这段时间错过了便永远都找不回来了,如此来算,到底谁吃亏呢?答案不言而喻。

所以,还是要摆正自己的心态,对待学习,该以认真、重视的态度,开不得半点玩笑。不是说赌个气说不学习了,就能解决一些学习之外的问题,恰恰相反,我们这种擅自拿学习赌气的表现,其实会让爸爸妈妈和老师更为生气。

就算真要赌气,也该像女科学家林兰英小时候那样做。

林兰英小时候,女孩子上学很困难,即使入了学,也读不了几年书,只要能识几个字,就都退学回家做家务或者外出务工去了。

林兰英却一直坚持下来了,因为她的爸爸思想开明,总是劝她好好读书,要胸有大志;可她的妈妈却有些不愿意她继续读书。

眼看小学毕业,林兰英即将上中学,妈妈说什么也不想让她继续读了,她便赌气道:"中学有规定,考第一名就不用交学费,我就考第一名给你看。"

妈妈也赌气说:"如果你要是让我给你交学费,以后你就别去读书!"

母女俩的赌气话,却成了林兰英学习的动力。从那以后,她不在乎别人的眼光,每天除了干家务就是读书。功夫不负有心人,林兰英在中学的所有考试,都是第一名,妈妈最终也认输了。

同样是赌气,林兰英却赌气更加努力地学习。我们需要的正是这样的精神——不管到什么时候,都把学习放在非常重要的位置,都能以认真的态度去对待学习。

所以,别赌气不上学,要是有志气,赌气考第一才是正道。

仔细来分析一下,赌气不上学的孩子,无非就是感觉自己受了委屈,或者自己的要求没有得到满足。其实我们该去找找问题的源头,而不要动不动就拿不上学或者不好好学习来说事。毕竟,学习对我们又没有坏处,我们也不过是被其他事情影响了情绪,有赌气的那个精力,还不如去找找问题的根源，看看是我们自己的问题，还是其他人的误解，又或者是彼此间缺少沟通，只有从根源上解决了问题，内心的那个疙瘩才能解开。而一旦问题都解决了，自然也就用不着赌气不上学或者不好好学习了。

学习要保有好奇心

"我没有特殊的天赋，只有强烈的好奇心。"这是美国科学家爱因斯坦说的，正是这份好奇心，才让爱因斯坦在学习的道路上大步前进。

四五岁时，爱因斯坦从父亲那里得到了一个小罗盘，罗盘中间的指针轻轻抖动着，始终指着北边。爱因斯坦好奇地转了转罗盘，发现里面那根指针尽管抖动了几下，可最终还是指向了北边。他惊讶极了：到底是什么原因让这根小针能一直指向北边？它四周什么都没有，这是什么力量？

就是这个现象引发了小爱因斯坦的好奇，他开始探索事物，探索它们的原委，探索现象的根源；正是这份好奇，才吸引着他开始了不断的学习与钻研；也正是这份好奇，才让他不断地发现科学上的一个又一个新奇现象，解决一个又一个科学难题。

爱因斯坦说自己没有天赋，一定会有同学表示不同意，这样一个大科学家怎么会没天赋？可在他小的时候，谁又能确定他未来一定是那么著名的科学家呢？他最终的成功，不正是来源于他从小到大一步一步地认真学习吗？那份好奇心一直促使他学习，一直推动他在科学的世界里遨游，这才是他最终成功的根本原因。

同样道理，现在的我们应该是没法推测未来的我们到底会是什么样子的，但是我们可以把握自己的当下时光。爱因斯坦的好奇心带动着他不断学习，我们也是有好奇心的，何不也顺着好奇心的引导，一步一步地走进知识的殿堂呢？

有的同学可能不那么了解好奇心到底是什么，回忆一下：生活中我们有没有问过"为什么"？对于周遭所不了解、不理解的事物，表现出强烈的想要了解、理解的心态，这就是好奇心。其实我们问出来的为什么、是什么、怎么了、怎么办……这种种的问题都是好奇心所引发的。

不要觉得总问问题会显得自己很笨，总是能提出问题来，说明我们对周围有细心且认真的观察，说明我们的确有思考。不管那个问题是幼稚的还是高深的，思考了就代表我们有想要学习的欲望，这其实是好事。

不过，虽然提问题代表我们有好奇心，但如果将问题就此放着不管，也并不能证明我们具备了全部的好奇心。好奇心的全部，不仅仅是提出问题，还应该包括去寻找途径解决问题。

所以，对于感到好奇的事物，我们还应该有一种愿意去探究的心理。

李四光小时候对一些来历不明的石头很感兴趣，他总是思考这些石头的来历，思考它们的历史。

长大后的李四光为了解答自己的好奇，便走遍了全国的山川河流，一边考察一边研究，终于断定那些怪石头的来历，认定它们是第四纪冰川的遗迹，纠正了之前认定的错误理论。

对某些事物不能只是觉得好奇，还应该去探究问题的本质，这就是著名地质学家李四光先生给我们的启发。

好奇心才是驱使我们更加认真学习的一大动力，带着那些问题，就该多翻翻书，多请教人，多进行思考。而在这个过程中，相信我们还能遇到更多的问题，好奇心的存在，会引领我们去思考得更多，去学习得更多。

显然，只要保有好奇心，对于我们的学习就是一个良性促进。

不过有一点也要注意，我们应该对正向的事物感到好奇，也就是对积极健康的现象而好奇，那些没有道德的、会产生精神污染的东西，还是少一点好奇与探究的心理为妙。越想要好好学，越会对好的知识有一种渴望，因此也就越能激发内在的好奇心，这种好奇心能促进我们去学得更多、更深。而知识的增加，同时也会帮我们远离糟粕。

把"要我学"变为"我要学"

"快做作业去!"每天回家,妈妈是不是都会这样催促一声?

"上课要好好听讲,老师讲的都是重点。"每天上课,老师是不是都会如此提示一句?

"唉,每天都得上学,还得做好多作业!"每个上学之外的时间里,我们是不是也会有如此的感慨?

这三个问题,如果你的回答都是肯定的,那么很遗憾,你的学习状态就是"要我学"。简单来说,就是不能自己主动学习,总是需要别人催促,大有"不催不动"的架势。

表面看来,"要我学"似乎是自己比较省劲的学习方式,在学校有老师催促,在家有爸爸妈妈催促,自己只要听着催促去学就好,其他都不用操心。但是仔细想想看,这样的学习方式才是最让自己劳累的,本该是自己操心的学习,却每天都要听着无数句的唠叨,而所有的唠叨又都指向同一件事,久而久之难道不感到厌烦吗?

是时候换个学习的方式了,"要我学"如此被动,只有"我要学"才能变为主动。

"我要学"的理念,就意味着我们有想要学习的欲望,有了这样的欲望,学习起来就会容易许多,先来看看榜样的力量吧!

苏联作家高尔基创作了《童年》《在人间》《海燕》等一系列脍炙人口的作品。而他之所以能写出这样多的作品,是因为他喜好读书,从书中学到了大量的知识。

但是，高尔基小时候可远没有我们这么幸福，他家境贫寒，只上了两年小学就辍学了，年仅10岁就不得不去打工挣钱养家。就算生活如此艰难，他却依然喜欢读书，他坚信"书籍才是自己进步的阶梯"。

当学徒的日子里，老板娘不愿意他读书，但高尔基宁愿被打一顿也不放弃读书。

有一次，他的房间里失了火，他却丝毫不顾自己的安危，只顾着抢救自己的书。他说："书籍一面启示着我的智慧和心灵，一面帮助我在一片烂泥塘里站起来，如果不是书籍的话，我就沉没在这片泥塘里，我就要被愚蠢和下流淹死。"

正是这样的信念，让高尔基愿意一心扑在书里，想要学习的渴望促使他阅读了大量的书籍。在他看来，"我读得越多，书籍就使我同世界越来越近，生活对于我也就变得更加光明，更有意义"。

高尔基的好学精神，让他更愿意投入学习之中，而最终他也受益于这种学习而成功。他的表现对于我们来说岂不是最好的榜样？

拥有"我要学"的学习态度，就不会再害怕学习中的任何艰难险阻，就不会有任何懈怠之心，就能很容易集中所有精力投入学习中去。而我们此时正处于学习的大好时光，所以此时培养自己的"我要学"的精神，正当时！

（1）想想学习都能给我们带来什么。

不能主动去学习，多半都是不知道学习是为了什么。想想看：通过学习我们可以获得哪些东西呢？可以学到知识，可以掌握能力，这些都是比较大的意义了。

再具体一点来说，我们认识越来越多的字了，可以阅读很多文章了，能够自如地与人沟通了，可以更多地了解这个世界了，会计算，能交流，可以应付生活中的许多难题……仔细想来，学习带给我们的好处竟然如此之多。学习对我们这样好，何不试着喜欢它一下？

（2）发现自己为什么不想学。

有的同学又会说了：那我还是不想学。为什么呢？先找找原因好了。

看看自己是不是遇到了学不会的难题，如果是的话，就赶紧想办法解决这个难题，不要找人告诉我们答案，而应找人学习解决问题的步骤，或者找人为我们答疑解惑。

还可以看看自己是不是没有用对学习方法，请教一下，学习一下，和别人讨论一下，或者干脆和爸爸妈妈诉个苦，请他们帮忙找原因、想办法，只要改进了方法，我们应该也能做到不发愁地去学。

总之，发现自己不想学的原因，改进自己的学习方法，找对了学习的路子，学习就会一路畅通，让我们更愿意主动去学。

（3）尝试开启问题模式。

其实很多同学做不到"我要学"，真的只是自己太懒了，懒得不愿意动脑子。生活中有许多有趣的现象，书本里也有那么多可以深入看下去的内容，小时候我们可能更愿意问"为什么"，但长大一些就会显得懒惰了，如果我们能重新开启"问题模式"，继续询问各种各样的"为什么"，继续用善于发现的眼睛去寻找问题，我们就能勤奋起来，就能更愿意学习。

把学习变成一种享受

学习是一件苦差事吗?一定有同学会说"是的"。学习需要耗费时间,还要投入精力,会遇到难题,也会遭遇失败,这样的一番经历可算不上美妙,而且这样的经历在整个求学过程中都会反复出现,难道不是苦差事吗?

但学习难道真的只有辛苦在里面吗?显然不是啊!前一节也提到了,我们从学习中收获了那么多东西,不管是日常的沟通交流,还是解决生活中的种种问题,学习带给我们的好处不言而喻。

其实我们何必总是看到学习的苦呢?苦尽甘来可是一个真理,何不带着期待去面对学习?何不将学习也变成一种美妙的享受?

"啊,这是不可能的吧!"一定会有孩子已经出现这样的感觉了,表情也肯定是皱着眉,一脸的否定。别那么快就否定,学习真的可以作为一种享受。

说一个居里夫人的故事吧:

小时候,居里夫人名叫玛丽。玛丽是个学习起来相当专心的孩子,一旦投入学习中去,她就会很享受。

有一次,玛丽在看书,她的姐姐和其他朋友就在她身旁唱歌跳舞做游戏。姐姐和朋友们玩得很高兴,玛丽却丝毫没有受到她们的影响,反倒自己沉浸在书带给她的乐趣之中。

姐姐和朋友们想要试探玛丽一下,便悄悄地在她身后搭起了几个凳子,凳子的搭法被设计成"只要玛丽一动,凳子就会掉下来砸到她"。但是,从开始搭凳子到搭完，玛丽丝毫没有察觉，而姐姐和朋友们在一旁看了很久，玛丽也一动没动，直到她读完一本书，那一摞危险的凳子依然竖在那里。

姐姐和朋友们彻底服了，不仅如此，从那以后，她们也开始向玛丽学习，纷纷拿起书本，认真读起书来。

如果没有对学习的热爱，如果没有享受到读书的乐趣，很难想象在那样嘈杂的环境中，居然还有人可以如此认真地学习下去。显然，居里夫人从小时候起就在享受学习，所以她热衷于学习，并愿意付出自己的时间与精力，丝毫不理会他人的影响，这才学到了更多的知识，为自己未来的成功奠定了坚实的基础。

也许我们也会羡慕居里夫人对学习的享受，可又总觉得自己并没有那么强的定力。其实要享受学习，也不是说非得到居里夫人那个程度，我们应该有自己的享受过程。

学习之前，你都想些什么？是想着"唉，又得开始上课了，又要做作业了，又要做练习题了"，还是想着"啊，又可以学习新东西了，又可以解决我的新问题了，又能发现新世界了"呢？

前一种想法势必会让我们觉得学习是一件令人讨厌的事情，因为从一开始我们就带有一种不得不做的情绪，只看到了学习那累人的一面。这其实还是我们的态度问题。

任何一种事物都有其两面性，学习也不例外，学习有苦，但苦后才会是甜。所以别太重视那份苦，多感受苦后的甜，才会让我们更有想要学习的动力。

第二种想法显然更愉快，想着通过学习自己可以学到多少新东西，通过学习可以学会解决怎样的问题，想着又能在书中发现什么自己不知道的新奇世界，想着学习之后又能对这个世界增加多少了解。这些都是学习带给我们的收获和乐趣，这该是多么令人享受的事情啊！

有了正确的认识，那么接下来的开始学习也就不那么痛苦了。翻开书，别心急，一字一句地看下去，边看边想想，书里都讲了怎样的内容，从这个内容可以联想到什么，有没有和其他内容有关联，通过这个内容可以有怎样的收获……

重点就是不要着急，看书学习也是个精细活儿，慢慢来总能看进去。最好手边准备好纸和笔，如果遇到有感兴趣的内容，记下来；如果发现了自己难以理解的内容，记下来；假如有想要和人讨论的内容，也可以记下来。学习其实就是一个积累的过程，也是一个不断探讨的过程，所以别只是看过去就算了，认真一点去对待，总能发现其中的奥妙所在。

而且，学习的过程中若是将问题拿去与朋友讨论，大家畅所欲言，我们既能从中受益，又能彼此增进感情，这是一件其他任何集体活动都无法比拟的事情。一起学习所体会到的乐趣，可是世上仅有的哦！

要说学习是一种享受，还有一个原因是这种快乐的感觉还可以延续到学习结束之后。一段时间的学习结束，站起身，伸伸懒腰，喝杯水，虽然书本暂时合上了，书中的精彩内容和知识内涵却被留在我们的脑子里，不管走到哪里，这段知识都已经被刻印在我们的大脑中，怎么也丢不掉的。而且，如果遇到了问题，脑子中储存的大量知识就会立刻出来帮忙，顺利解决问题的那一刻，快乐的享受岂不是再次袭来？

由此可见，学习的确是一件可以让人享受的事情，既然现在我们正处在学习的大好时光之中，那就别浪费时间了，赶紧投入进去尽情享受学习吧！

第九章

懂得利用时间,年少正是读书时

世上只有一样东西最无情,一旦它开启了运动模式,便没有停下来、倒回去的可能,只会一路向前。这样东西就是时间。少年时期是我们大脑学习的最佳时期,也是我们最能全身心投入学习的时期,正所谓"年少正是读书时",所以好好利用这青春年华吧!

青春的年华，经不起浪费

有个年轻人大学毕业后一直碌碌无为，感到苦恼无比的他回到母校找到自己的老师，希望老师能为他指点迷津。

学生愁眉不展地说："我至今仍旧是当初的那个穷学生，一无所有，希望您能指点我找到人生的价值。"

老师却说："我觉得你和其他人一样富有呀！你看，你的时间银行里，每天明明都会有86 400秒可以用的。"

学生苦涩地一笑说："那有什么用？也不能换钱，也不能换东西……"

"怎么能这样想！"老师很严肃地打断了学生的话，"这是多么珍贵的财富！不信，你去问问那刚刚耽误了飞机的乘客，1分钟值多少钱？那刚刚死里逃生的人，1秒钟又是多少钱？那刚刚与金牌擦身而过的短跑运动员，1毫秒又是多少钱？"

听到老师这样讲，学生忽然有些明白了，羞愧地低下了头。老师这才缓和了语气说道："时间是珍贵的，当你发现一件自己想做的事情时，你脚下的路自然也会变得平坦起来。"

这是一个关于惜时的小故事，也许里面关于未来、关于人生的思考离我们还有些远，但其中提到的每一分每一秒的价值，却是应当引起我们重视的。

读书当趁早，因为相对于整个人生来说，可供我们毫无顾忌只埋头学习的时间其实并不长，可以说每一分每一秒都是宝贵的。尤其是小学时期，人的大脑对知识的渴望是最强烈的，恨不能马上就将所有知识都学会，就像一个吃不饱的人，想要赶紧享受美食。

第九章
懂得利用时间，年少正是读书时

所以如果能从小学开始就懂得惜时，就知道努力，并养成良好的学习习惯，所学到的知识就会一点一点累积，待到将来，不管我们会做怎样的职业，这些已经积累了许久的知识，都会成为我们奋斗的最大资本，也会为我们的工作解决诸多难题。

不过，在很多孩子看来，这样的一段话就好比是一场美好的愿望，并不是可以随便就实现的。因为，很多孩子觉得"每天上学都度日如年，巴不得马上放假"。

微博上曾经出现过一篇小学生写的《假如我的生命只剩三天》的小短文，其内容大概是这样的：假如他的生命只剩三天，第一天用来和亲人们告别，感谢他们给予的爱，还会给世界留一封信，表明自己来过。但对于剩下的两天，他却是这样写的："剩下的两天，我会在教室里度过，不是因为我有多么好学，而是因为，在教室里我度日如年。"

虽然看过之后人人都会一笑而过，认为这就是孩子无聊的吐槽，但是真正来说，这样的笑话并不好笑，反倒是应该引发我们的深思。原本该好好学习的时间，为什么我们却会度日如年？我们对学习怎么会有这样的态度？

青春年华，精力旺盛，此时如果能好好读书学习，不管是在知识的积累上，还是道德的修为上，都将会有大的进步，我们可以尽早建立正确的人生观，将学习当成是自己目前人生的主线，精力便也会有正确的释放方向。否则，如果此时放弃了读书学习，一任光阴虚度，那么我们那无处释放的精力就会引发一种狂躁心理，整日无所事事，也会让我们不得不去找一些"刺激"，来激活自己麻木的青春。

比如，我们经常能看到一些少年，小小年纪就不再上学，整日混迹于街头，要么和人打架，要么四处敲诈勒索，要么干脆不学好，干些偷鸡摸狗的勾当，显然他们就是典型的将自己的青春年华浪费掉的那一群人。精力没有用在学习上，只能靠这些歪门邪道来寻求刺激。

著名书法家颜真卿曾经作诗曰："三更灯火五更鸡，正是男儿读书时。

黑发不知勤学早，白首方悔读书迟。"别觉得现在浪费一些时间不算什么，不要认为自己的人生还长得让自己倦怠，生命这趟单程旅行一旦开启便永无回头，在该读书的时候就要好好读书，一旦错过，将再也没有时间去弥补。

珍惜读书的时光，合理利用每一分钟

学习也的确是耗费时间，不管是看书、做练习还是思考，一旦学进去了，时间总会不知不觉地就从我们身边溜走了。理论上来讲，这些耗费的时间都是有意义的，因为都被我们用来读书思考了，但事实上，我们在学习上或多或少地都存在一些浪费时间的现象。

比如，老师课堂上讲了一个数学公式，我们认真听讲了，也理解了这个公式在什么情况下该如何使用。课下老师留了一个作业，要求使用这个公式来解答几道练习题。按道理来讲，公式已经学会怎么使用了，那么利用公式来解题的过程就应该迅速而流畅。可事实上，我们的解题过程却远不是这个"按道理来讲"的样子。

有个男生放学回家，很兴奋地告诉妈妈，今天他学会了新的数学公式，老师留的作业保准用不了十几分钟就能做完。

接着，他从书包里掏出作业本开始写作业。可是，刚写了一道题，他就小动作不断，一会儿喝杯水，一会儿发会儿呆，一会儿又回忆起体育课上的那场球赛。而做题的时间就好像是穿插进去的，每次写两笔就停。尤其是到最后一道题，他更是放松了下来，反倒开始削起了铅笔，足足削了5分钟才又继续将作业写完。

等男生走出自己房间后，妈妈疑惑地问道："你不是说十几分钟就能写完作业吗？这已经写了半个多小时了呀，是题目很难吗？"男生吐了吐舌头，但还是无所谓地说："就因为不难，所以才没觉得多紧张。"

这个男生的状态，其实也是很多学生的状态，原本可以很快做完的事情，我们却偏有能耐将它的完成时间无限后延。要说是真的不会吗？也不是，但就是这么磨磨蹭蹭的，一点都不紧张。爸爸妈妈或者老师问起来，恐怕还会念念有词，反正也不是不会，只要最终做完就行了。

时间可禁不起我们这样去浪费，最终完成作业并不意味着我们的学习已经结束了，只不过就是某一阶段完成了而已，接下来还有更多的学习等着我们，所以别这么懒懒散散，该将时间都真正利用起来才对。

可是，时间是什么？看不见摸不着的东西，到底怎么安排才算是合理使用呢？别着急，先来看一位科学家的做法。

苏联昆虫学家柳比歇夫是一个繁忙的人，在他去世后，连家人都没有意识到他居然给后人留下那样大的一笔"遗产"，其中包括70多部学术著作，内容涉及诸多领域；各种各样的论文和专著，他竟然写了500多印张，相当于是12 500张打字稿。此外，他还写了自己的回忆录，追忆他所涉及的许多学科，谈及自己一生的各个阶段……

看上去柳比歇夫的生活里几乎充满了工作，而他又是如何做到的呢？原来在26岁时，他独创了一种"时间统计法"，利用这个方法，他将自己每天的各项活动所花费的时间都记录下来，然后进行统计和分析，还会在每月进行总结，以此来改进工作方法，并更好地计划未来的事务，以提高对时间的利用率。这个方法他一直用了56年，直到82岁逝世。

而最终柳比歇夫留下的那宝贵的遗产，正是因为他能如此高效地利用时间。

当然，我们也许做不到像柳比歇夫这样严谨地去利用时间，但是从他的经历中我们却得出这样一种结论——只有善于利用时间，不浪费时间，才有可能做出成绩。

而真要做到合理利用每一分钟并不难，可以从学习制订计划表开始做起。

其实我们所用的计划表的原理就是对时间的统筹安排，可以订立一天的计划，将一天内各个阶段的时间安排都写进计划表；也可以订立专属的学习计划，更合理地安排学习时间，保证每一个时间段都能学有所获。

在订立自己的计划表时，可以和爸爸妈妈一起商量着来，他们应该比我们更清楚时间的意义，他们的建议可以帮助我们调整对时间认知，以免给自己留下放松懈怠的机会。同时，有了爸爸妈妈的监督，我们的计划表也能订得更为丰富一些，爸爸妈妈的建议还能帮助我们完善计划表，从而保证更好地去执行。

除了计划表，平时我们也要尽量做到"今日事，今日毕"，不要拖拉。尤其是遇到假期的时候，每天的学习同样也要合理安排好，别将所有的事情都堆到假期的最后几天，否则假期前期的时间就被白白浪费掉了。

言情小说，你为它流了多少泪？

这是一个女孩的讲述：

我第一次看言情小说是在五年级，当时我的身体正悄悄发生着变化，内心情感的萌芽也无声无息地冒了出来。刚好同班的女孩带来了几本言情小说，我也借到了一本。

我看得津津有味，一开了头便停不下来，还为女主角的悲惨身世而流泪，为她坎坷经历而伤心。下课时间看还不够，上课时间我也会在脑子里回想刚刚看过的情节，同时又迫切地想知道下面发生了什么，有时候也忍不住拿出书偷偷看两眼。看到情动，我还会低下头擦擦眼泪。

很快一本书看完了，我又去借了一本，并又一次沉浸其中。就这样，我一本接一本地看，同班同学的书借完了，就自己去寻找，实体书看得不过瘾，又跑去网上搜索小说论坛，注册了账号去里面一本接一本地浏览着看。

结果，我的大部分时间和精力都被言情小说占据了，而自己也变得多愁善感，每天脑子里想的都是言情小说中的各位女主角，由她们我还幻想到了自己，还将自己也想象成了女主角，在自己的头脑中编织爱情故事。我对学习越来越不上心，课本基本都看不下去，听课也总是心不在焉，学习成绩很快就直线下降，但我依然难以自拔。直到一次期中考试，原本成绩上等的我，居然考了倒数第三，我才惊觉自己的学习似乎被言情小说一点一点毁掉了。可此时我也非常苦恼，因为我想重新拾起学业，但又不愿意放弃言情小说，真是两难啊！

女孩讲的是她怎样被言情小说"蛊惑"而荒废了学业。看言情小说的大部分都是女孩子，当然也会有感情细腻的男孩加入其中，很多人对此"欲罢不能"。

但实际上，我们也许并不了解它，所以还是先来看看什么是言情小说吧。

通俗来讲，言情小说就是爱情故事。里面的人物往往都有比较曲折的经历，而爱情内容又往往显得很梦幻浪漫，结局多半又都是皆大欢喜型的。这样的内容和思想构成，对涉世未深的孩子就是一种吸引，遇到那种故事主角经历坎坷的，有的孩子甚至会流泪动情，思绪也随之而动。

但是，现实一些来说，言情小说中的故事大部分都是虚构的，都是对爱情的一种美妙幻想。俊男靓女与曲折爱情，是最能吸引我们眼球的东西，尤其是其中还会出现豪门、富贵这样的内容设定，这明显会带给我们一种新奇和向往感。

可是这种向往太虚幻了，如果投入其中难以自拔，将会严重影响我们对真实世界和真实情感的体验。所以，对待言情小说，我们也该理智一些。学生时代的阅读与学习，我们该正确地来对待。

（1）要保证学习的时间。

在看课外书之前，要先保证学习时间。安排一个好的学习计划，每天该做的作业、该复习和预习的功课一样都不能少，学习时间结束之后，才能是做其他事情的时间。

（2）多看些更有分量的书。

言情小说的确也是书的一种，但它的内容一眼就能看穿，多数故事都是速成型的，起因、经过、高潮、结果，没有太多的内涵。如果真要阅读，还是多看一些更有内涵的书比较好，比如，大百科这样的知识类书籍，既有趣闻又有知识可学，一举两得。

就算要看故事，也建议大家去看经典的小说。比如，国内的有著名的四大名著，国外的有《基度山伯爵》《简·爱》《呼啸山庄》《巴黎圣母院》

等名著。翻看这样的小说，可以看故事，可以看文笔，可以学知识，还可以引导我们正确的感情观，这才是我们应该多接触的内容。当然，还有在本书开篇提到的中华传统经典书籍，都值得认真去读。

（3）不为偶尔翻翻的言情小说而动真情。

言情小说，偶尔也可以看看，但不要投入太多情感与精力，甚至为其泪流不止，如果这样就有些过了。那些经典名著中也有爱情故事，就如前文所说，看看其中对于情感的正确描述，体会一下那些感情都是怎样一点一点建立起来的，应该会让我们意识到感情不是那么容易就被撼动的。

（4）向爸妈学习什么才是真感情。

其实要了解什么是真感情，我们用不着费劲去找什么言情小说，身边就有最好的范例，那就是爸爸妈妈的爱情。多看看他们的爱情，看看他们是怎样相濡以沫，看看他们是怎么相敬如宾，看看他们是如何珍重彼此，如果有可能，问问他们的爱情经历，了解他们是怎样为了自己的爱情而负责任的……

网络游戏，真的那么重要吗？

随着科技的发展，网络成为我们生活中越来越重要的一个组成元素。网络可以为生活带来诸多便利，会给生活增光添彩，可它的危害也绝对不能忽视。对于我们学生来说，网络中的游戏，无疑就是危害我们生活与学业的一大罪魁。

很多人对网络游戏都有一种难以割舍、无法自拔的"感情"，只要有游戏可玩，就算不吃不喝不睡觉，他也乐得"享受"。但对于学生来说，这种享受可不是什么好事。

每天下午一放学，男生都会头也不回地往家奔。他进家后的第一件事，并不是打开书包写作业，而是迫不及待地打开电脑，熟练地点开游戏网站，开始玩各类的小游戏，而且一坐下就不起来了，吃饭睡觉都要妈妈催促。

妈妈其实很反对他玩网络游戏，总是提醒他放学后该先写作业，提醒他应该多运动，该多和朋友接触，做一些有意义的游戏，可是他的注意力全都在网络游戏上，不管妈妈说什么他都不理睬，如果被说得急了，他就说班上同学都在玩。

因为玩游戏，男生的学习时间也被大量占用了，每天作业都是草草完成的，有时候还会边写作业边玩游戏。妈妈劝过打过骂过，可他似乎是已经变得麻木了，只要能玩游戏，其他怎样都无所谓。他的学习成绩便也一直没有什么起色，反倒是总说大家都玩，为什么自己就不能玩。

妈妈忍不住叹气："网络游戏，真的那么重要吗？"

相信没人愿意总和妈妈讨论这个到底重不重要，因为在我们看来，游戏会带给我们快乐，会让我们感觉开心，这可是枯燥且时有困难的学习所不能比的。但是，身为学生，又怎么可能天天玩游戏？上学才是我们的主要任务，至少在现阶段，学习比其他所有事都重要。

道理其实一说都明白，可就是实际行动没有改变。有的父母干脆不让孩子碰电脑，可这种堵的方法明显不行。

有位妈妈就诉苦说："一到放长假的时候，孩子就总是要求玩网络游戏，不让他玩吧，显得不近人情。可让他玩吧，各种不省心！规定了每天只能玩一个小时，他才不遵守那时间！能多玩一会儿是一会儿，还总讨价还价。我当然希望他能利用假期多学点东西了，可一说要学习，他就七个不高兴八个不乐意，这寒暑假都好几十天不上学，除了做那点假期作业，别的学习内容一点儿都不关心。这不都开学了，还惦记着要继续玩呢！就这样，学习还能好？这得多影响学习啊！"

父母们的感叹和担忧，可不是我们所认为的"就是和我作对"，冷静下来想想看，打网络游戏，现在可以打，将来也可以打，游戏是什么时候都能玩的；但学习就不一样了，小学、中学是学习的高峰时期，也是我们的大脑最灵活、记忆力最强的时期，这个时候的学习，不管是记忆还是理解，都是最迅速也是最能学到东西的。一旦错过了这个时期，等长大了，我们的大脑功能就开始走下坡路了，而且到了那时候我们也会发现很多知识还是有用的，可那时候若再去学，就要吃力许多，还不一定能学得会。

所以，在最应该学习的时候，别将时间都浪费到网络游戏上去。好好规划一下自己的时间吧，将学习摆在最重要的位置才是聪明的选择。

就拿放假来说，每天先要将学习的时间安排在我们头脑最清醒的时间段，在这期间要全神贯注，完全投入知识学习中去，有问题也要想办法解决。学习时间结束之后，自然也可以安排一小段时间来玩玩游戏，换换脑子。

不过，建议选择益智类、解谜类的游戏，体育竞技类的也可以，这样的游戏可以开发智力，从某种程度上也能培养我们的反应能力和协调能力。最好远离战争、暴力以及缺少内涵的游戏，因为这种游戏只能培养我们的暴力倾向，会让我们变得越来越暴躁，尤其是打打杀杀的游戏，并不利于性格的培养。

玩网络游戏的时间到底应该定多长，可以和爸爸妈妈商量一下，确定玩网络游戏的时间，也请他们帮我们监督，到了时间就要停下来，该做运动就做运动，该帮忙做家务就做家务，或者看会儿书，都是可以的，不要总泡在网络上下不来。

另外，一旦确定了每天上网的时间，最好严格遵守，不能说在家的上网时间没有了，就出去找地方继续玩。每天上网玩游戏的时间是固定的，不分家里家外，好好遵守才能养成好习惯。

微信朋友圈,警惕时间都被"碎片化"

"你玩微信吗?"在这样一个科技流行的时代,问周围的人这样的问题,可能还显得有些落伍,因为在现在这个时代,不会玩微信的人似乎越来越少了,有手机的人,绝大多数都会下载微信这一时下最热门的聊天交友软件。

简单来说,微信是一个移动即时通信软件,为人们提供了公众平台、朋友圈、消息推送等功能,用户可以将微信内容分享到微信朋友圈,也可以通过微信提供的几个方式来结交更多的朋友。

虽然微信如此便利,可身为学生的我们如果整天都只惦记着微信朋友圈,那将是一个怎样的情景呢?

一位妈妈是这样描述的:"上五年级的女儿闹着要买智能手机,因为班上的很多同学都有手机了,大家也都开通了微信,女儿觉得总用我的手机上微信太不方便。后来,禁不住她的软磨硬泡,我还是给她买了一部手机,但我觉得自己终究是做错了。自打有了手机,女儿的微信朋友圈也就慢慢扩大了。平时不学习的时候,她就只顾着低头玩手机、发微信,和朋友交流,这我倒是还能忍。但重点是,就算她在学习,在写作业,或者是在规定时间里做练习,也会将手机带在身边或者放在面前,时不时地看两眼,时不时地拿起来手指飞速地点一通。这边学边聊天的架势,哪里是学生该有的?我和其他几位妈妈也聊过,听她们说,有的孩子上课也偷偷刷微信朋友圈,要都是这样孩子还怎么好好学习?那点儿时间不都被这微信占据了?现在我真是太

第九章
懂得利用时间，年少正是读书时

后悔了！"

也许妈妈们都没想到我们一旦拥有了手机，竟然能将自己的大部分时间都"消费"在微信朋友圈之上。微信朋友圈就是一个24小时都不散场的交际圈，只要我们一直开着手机，一直处在这个圈子里，就总能和朋友有各种各样的交集。

而也正因为有了微信朋友圈，因为总是在圈子里泡着，各种信息、各种点赞、各种评论、各种回复……我们的时间在不知不觉中就被碎片化了。比如：要做数学作业，刚看完题，有人在朋友圈里发了一条消息，我们就得看一看，思考一下，评论一下；开始思考题目了，结果又有人在评论下面回复了，接着就又得看回复，有想说的就得继续评论；终于想出来怎么做题了，刚写了几个数字和符号，回复评论又来了，或者又有人发布了新消息，于是又得去看、去想、去评论……如此下来，做一道数学题的时间就被无限拉长了。

因此，要想把这些变成碎片的时间再重新整合起来，我们就该远离微信朋友圈。

（1）不要那么急着要高端的手机。

小学生、中学生，如果从理论上讲，其实还处于一种并不是那么需要手机的时候：第一，我们没有业务需要联系；第二，我们的朋友都是同学，抬头不见低头见；第三，我们又不会长期出门不在。

不过，从安全角度出发，随身带一个手机也不是不可以，一来可以保证父母随时知道我们的情况，二来万一遇到了危险或问题也能及时通知到父母。但是，不要索要多么高端的手机，尤其是名牌、带很多功能的智能手机就更是没必要了，只要有接打电话、发送短信这样功能的手机就足够了。另外，也不要和周围同学攀比手机，学生就该好好学习，其他的攀比都是无意义的。

（2）定一个"手机使用规则"。

手机对于我们来说只不过是一个联系用的工具，所以为了避免被手机里其他的软件或功能所诱惑，还是要定一个"手机使用规则"。

比如：每天上课的时候不要使用，写作业的时候不能使用，晚上睡觉时不能使用；最好不要开通数据流量、WiFi，不要定制功能很多的业务包，不要放置大容量存储卡；由父母帮忙安装必须软件，杜绝像微信这样的聊天工具以及其他游戏等一系列软件的安装；等等。最好是将手机当成是和各种文具一样的工具来使用。

（3）和周围的朋友"约法三章"。

在不进入微信朋友圈这件事上，只是我们自己不用还不够，最好和周围的朋友也"约法三章"。大家可以约定好，在学校就彼此面对面交流，有问题、有事情最好都当面谈论、解决，特别是上课的时候不要用手机发信息联系；回家之后，除了必要问题的求助或者其他事情的传达，不要在微信上没完没了地继续说，尤其是在该学习的时候。大家最好都要遵守，可以彼此监督。有了这样的约定，就能既不让自己的学习时间被分散掉，也不会影响朋友间的感情了。

交了这些朋友,你"永无宁日"

朋友,是我们人生中必不可少的一个元素,有了朋友,我们可以相互交流、相互学习、相互帮助,特别是有共同兴趣的时候,大家在一起的相处会更加愉快。

不过,朋友也分好坏的,好朋友对我们来说就是成长道路上的最好助力与同伴,大家彼此相携,自然可以在好的成长方向上越走越远;而坏的朋友在我们身边就像是一颗颗隐形炸弹,说不准什么时候就会引爆,其威力说不准会将我们炸得体无完肤。

有个男生原本学习成绩还算可以,每天该运动的时候也能好好运动,该学习的时候也还算刻苦认真。但是上了四年级之后,男生突然和班上的几个成绩不好的同学成了朋友。原来,大家在足球比赛中彼此熟悉了起来,男生发现那几个同学每天都生活得特逍遥,不怎么写作业不说,考试的时候还能互相"协作"作弊得高分。这种不劳而获的感觉,让男孩觉得自己之前那么努力真是浪费时间。

从那以后,妈妈发现男生有些变了,以前放学回家,男生都会先写作业,可最近一段日子,他变得懒惰了,学习时间少了不说,还经常泡在网上,妈妈催促好几遍他才会不情愿地打开书包。

有时候妈妈着急了,就会训斥他一顿,他却很委屈地回应说:"凭什么我要那么累?我的朋友都不学习的,他们想怎么玩就怎么玩,考试的时候还能考高分,他们说不用那么费劲学,到时候大家一起协作就能应付考试,反正就是想要个好成绩而已嘛!"

妈妈听了,震惊不已,孩子这到底是交了怎样的一群朋友啊!

交错了朋友,就将有被传染错误的认知和行为的危险。因为孩子具有极强的模仿力,也很容易受到环境的感染,坏朋友会将不守规矩、不好好学习的陋习都"传"给我们,也会"引领"着我们做一些坏事,还会向我们"灌输"错误的思想……

总之,一旦身边有了坏朋友,我们原本一直在正轨上的生活就会被彻底打乱,就像这个男生一样,从行动到话语,都俨然变成了另外一个人。

所以,我们可要擦亮了眼睛,也要端正自己的言行道德,以免被不良朋友缠上,否则不管是生活还是学习,我们都将永无宁日。

(1) 了解什么样的朋友才是好朋友。

正所谓"益者三友,损者三友",著名教育家、思想家孔子就已经告诉我们为人该交怎样的朋友才是合适的:"友直,友谅,友多闻,益矣;友便辟,友善柔,友便佞,损矣。"即那些正直的、诚信的、知识广博的人,才是我们所需要的好朋友;而那些谄媚逢迎的、两面派的、花言巧语的人,则是我们要远远躲开的。

说得再简单一点,好朋友的标准,就是有道德的、愿意努力的、正直的人。平时,我们也要向着这样的方向去努力,因为自己做得好了,自然也会遇到"同道中人",从而从一开始就避免了坏朋友的靠近。

(2) 多和朋友一起做有意义的事。

即便交了好朋友,也不是说就可以高枕无忧了,因为我们还是孩子,总会有没有定力的时候,也总会有调皮的时候,所以此时朋友们在一起,就该互相约束。最好是多和朋友一起做有意义的事,这样能避免我们在无聊之时犯下不必要的错误。

比如:如果大家都写完了作业,接下来可以干什么?一定要是四处追跑打闹吗?不一定吧,翻一些大家都喜欢看的书,看完之后彼此交流一下,也是个不错的读书活动;约在一起运动一下,连运动带玩耍,快乐的同时也起到了健身的作用；等等。

（3）及时整理自己的"朋友圈"。

作为学生，我们终归还是没有足够强的判断能力的，所以一开始可能还觉得某些人不错，和他们交了朋友，但时间一长，就会发现这些人又存在各种各样的问题。这时，我们就该及时整理一下自己的朋友圈了，渐渐远离那些不好的朋友，转而多结交益友，并和益友保持较为长久的友谊。

不过这种整理可不是说一下子就和某些人断绝联系了，否则就显得太没有人情味。可以慢慢地疏远，毕竟当彼此间的共同语言越来越少时，当彼此的想法越来越背道而驰时，关系自然也就慢慢变淡了。

把时间花在可以让你成长的事情上

身为学生,我们的时间都应该用在哪里呢?学习肯定是首要的,而除此之外还能做些什么呢?有的孩子一定会说,玩啊!不是学就是玩,这不就是我们孩子的生活吗?

玩,的确可以给我们带来快乐,但是,单纯的、没有什么目的的玩,除了消耗时间精力,让我们在那一时刻感受到快乐,还能让我们收获什么吗?好像什么都没有吧!成长,可不是玩过去的,胡乱玩耍的时间里,我们完全可以做更多其他的事情,所以何不把时间花在可以让自己成长的事情上呢?

大发明家爱迪生,从小到大都是一个会好好利用时间让自己成长的人。小时候的爱迪生当过一段时间的报童,虽然年纪小,但他并没有将自己的时间完全用来玩耍,而是在火车站里一边卖报一边坚持读书。

当时,一遇到火车停留的时间,爱迪生就会跑去当地的青年人协会阅览室借阅书籍。

好学的爱迪生很快引起了图书管理员的注意,一天,他问爱迪生:"小家伙,你读了多少书呀?"爱迪生快乐地回答说:"我已经读完了第一架上的两层!"

对于一个小孩子来说,读这么多书是不可思议的。而看到爱迪生手里拿着的两本不同种类的书时,管理员又很是不解,爱迪生则解释说:"我是按照书架上的次序读的,我只想把这里的书统统读完!"

爱迪生一直如此贪婪地读着书,这个习惯从小时候又延续到了他的青年时代。青年爱迪生在接触到当时最先进的著作《法拉第电学研究》之后，就陷入了疯狂的阅读中，他曾经从凌晨4点一直读到午饭之前，有人催促他吃饭，他却叹息说："人的一生如此短暂，要干的事情又那么多！"他将这本书压在自己的枕头下面，甚至连做梦的时候都会打开它，以解答自己脑子里冒出来的种种疑团。

爱迪生就是一个会将各种时间利用在自己的成长之上的典型例子！在他看来，读书会让他成长，所以他利用了所有能利用的时间，让自己徜徉在书的海洋之中，尽情汲取知识，丰富自己的头脑，而这些知识也成为他以后进行科学研究、发明创造的有力基础。

对比爱迪生的表现，再看看自己，除了正常上学以外的那些时间，我们是不是也应该好好利用起来？

说到"能让自己成长的事情"，有些孩子可能会显得有些迷茫，什么样的事情才会让我们成长，这一点我们得先搞清楚。

比如，像爱迪生那样去读书，这毫无疑问就是能促进成长的事情。只要是积极健康有意义的书，我们都会从中有所收获，不仅仅是知识的储备，书中讲到的道理，将会为我们的思想发展点亮明灯；书中提到的种种方法，能为我们的生活解决种种难题；就连书中的表达方式，也能成为我们以后说话写作的素材。读书，自然是会让我们成长的一件事。

还比如，多看看展览，从中汲取大量的图片、文字、声音资料，这是我们更直观地了解知识的一种渠道。当然，要多看一些有意义的展览，像是历史、地理、航空、文学、书画等展览都是可以的。

还有，多走出家门去旅行，不管是长途的还是短途的，都是我们学习的好机会，旅行会让我们亲身接触到大自然，而大自然则是我们终身的老师，在它身上我们可学习的东西是无穷无尽的，所以多出去走走，可以增长见识，丰富阅历。

多做一些运动，这也同样是促进身体成长的事情，如果能进入系统的锻炼，如果能选择更适合自己身体特点的运动项目，再加上可以和爸爸妈妈或者同学朋友一起运动，这对我们身体素质的培养是大有好处的。如果身体素质能够提升，我们的健康当然不在话下。

生活中有很多可以让我们动手操作的地方，在家可以做家务，在外可以参加义务活动，多参与这样的活动，一方面可以培养我们的动手能力，另一方面则可以培养我们勤快、善心等良好的道德。

其实生活中可以促进我们成长的事情还有很多，有待于我们自己去发现，也有待于我们自己去努力。既然如此，不上学的时间不要只顾着玩了，赶紧做一些更有意义的事情，让自己快速成长起来吧！

第十章
创新,给学习增添动力

　　要想更好地学习,需要几个重要的要素,专心努力是最基础的,惜时勤奋是要始终如一的,那么还需要什么?当然还需要创新。创新会让学习变得不再枯燥,不断地创新会让思路越来越灵活,会给我们带来永不停止的学习动力。

越读越聪明，学会从书中借力

"与书相伴的每一分钟，都是对人生的最大奖赏。"
"阅读，要让真正的阳光住在心里。"
"在书中，不仅有眼前，更有诗和远方。"
"在书中，可以和优秀的人物为伴，思想共舞。"
"过日子，也要放飞灵魂，读书，与后者有关。"
"阅读，让自己内心强大，勇敢面对抉择与挑战。"

这是中央电视台关于阅读的公益广告中的广告词，从中我们不难看到，读书所能带给我们的诸多好处。说白了，读书就是学习，或者说是最主要的学习方式。书读得多了，了解的知识多了，记住的东西多了，体会的思想多了，我们的思想也会慢慢发生变化，会逐渐变得睿智，变得更理性。显然，读书会让我们越读越聪明。

哈佛大学是世界著名的大学，一位教授曾经给学生们算过这样一笔账：

假如有这样一个人，只是一个普通的读者，如果每天能花15分钟去读书，按照一分钟读300字的量来计算的话，那么15分钟就可以读4 500字，一个月就可以读135 000个字，再延伸至一年，他的阅读量就会达到1 620 000个字。而书籍的篇幅大小不等，假设从60 000字到100 000字的都有，平均一下大约也就是80 000字。如此算来，每天如果能读15分钟的书，那么一年下来就大约可以读20本书，这样的读书量是相当可观的。

想想看，20本书，20个小型的知识库，20个思想的亮点，20个解决难题的答案提取处……如果真能如此读下来，至少短期内，我们从内心到外在将会发生一个怎样巨大的变化啊！就如俄国哲学家赫尔岑所说："书是和人类一起成长起来的，一切震撼智慧的学说，一切打动心灵的热情都在书里结晶形成；书本中记述了人类生活宏大规模的自由，记述了叫作世界史的宏伟自传。"

而如果按照哈佛教授的计算去做的话，就算我们还是小学生、中学生，就算我们每天学业繁忙，但每天抽出15分钟来读书，应该也不是难事。若是能涉猎各方面的书籍，并能沉下心来把书读进去，我们的思想也将有巨大的飞跃。

既然如此，我们何不从书中借力呢？

先来想想看我们都需要从书中借什么。

可以借知识，知识是丰富头脑的最大法宝，翻阅不同的书籍，就能汲取不同的知识；翻阅同一种类的不同层次书籍，就能让自己在这一知识领域了解得更宽也更深。

可以借思想，书中的言论会具有各种指向性，也会具有引导性，看过内容之后，我们就会对这些内容有思考，也可能会按照书中所说去执行，书的内容会对我们的思想与行为产生不同的影响。

还可以借力量，书中的内容包含力量，特定的言辞语句会帮我们解开的谜团，使我们不再为某些问题迷茫，这样的力量显然是周围人的劝说所不能比及的，只有靠自己阅读思考才行。

书的种类有很多，有些书却是我们不能涉猎的。比如，不能选择暴力、色情、无意义的漫画书或者小说，不能选择八卦无聊的娱乐杂志，不要选择以自己目前的能力无法理解的书，等等。

看书最起码要选择积极健康的书籍，可以先从自己比较感兴趣的书籍开始看起，然后再逐渐扩大阅读范围。还有一点要注意的是，一定要选择正版的、正史的书去阅读，因为盗版书中会存在错误，而非正史的书则夹杂过多的戏说和不正确的内容，很容易对我们产生误导。

另外,建议大家多看实体纸质书,看这样的书会让我们更有阅读的氛围,不建议看太多的电子书:一来是因为电子书容易伤眼睛,二来则是电子书也同样会存在录入错误,这种错误也许会影响我们对书籍内容的领悟。

有了时间,选好了书籍,看书就有成效了吗?当然也不完全是,前面两项只是硬件基础设施,重要的还是我们的"看"。看书的时候,要带着脑子去看,边读边想,也准备好笔和纸,把看到的和想到的都可以记录下来,将书中的内容真正看进去,才算是读书成功。而这种用心去看的读书过程,才能真正帮助我们慢慢变得聪明起来。

多做些锻炼脑力的益智游戏

所谓创新,其实就是个"玩转大脑"的过程,就是要让脑力全开,跳出老旧的、固有的思维定式,进而冒出新点子,并在新点子的带领下,动脑动手,最终完成创新。

如此来看,怎样让脑力全开就是个重点了。显然只有多锻炼脑力,我们的智力发育才会越来越好。可是,脑力锻炼又该如何来做呢?

苏联教育家克鲁普斯卡娅说:"对孩子来说,游戏是学习,游戏是劳动,游戏是重要的教育形式。"所以,在锻炼脑力这方面,益智游戏有着其他游戏所不能比拟的能力。

英国皇家科学院曾经进行过研究,对比经常玩益智游戏的人和不玩这种游戏的人,他们发现,前者的平均智商,要比后者的平均智商高出11分左右,而前者的大脑开放性思维能力也比后者高。

美国也有医学专家通过研究发现,在50岁之前开始玩成人益智游戏的人,阿尔茨海默病也就是俗称的"老年痴呆症"的发病率只有普通人的32%,而从小就一直在玩益智游戏的人,该病的发病率甚至不到普通人群发病率的1%。

当然成年后的事情我们现在还没法决定与预测,但是就现在而言,多做一些益智游戏来锻炼脑力,也是我们在学习之余的一项不错的休闲加锻炼的活动。

不过,益智游戏也分很多种,如何选择就是需要我们重点考虑的了,只有合适的益智游戏，才会真的对我们的大脑产生好的影响。以下几种游戏，我们都可以考虑一下。

（1）巧妙分类游戏。

所谓分类游戏，就是要准备不同的物品，发现其不同的特征，然后将其按照特征来归类。比如，按照颜色、形状、数字、符号、材料等特点，将不同的物体归类放置。

这个游戏可以和家人或者朋友一起来比赛进行，物品简单易寻，家庭常用的就可以了。一大家子或者一群朋友在一起，对特征的规定由简单到难，时间的限定也可以由长到短，经常进行游戏，大脑的逻辑归类能力会越来越强，反应也会越来越迅速。

（2）猜谜游戏。

经常猜谜，会让我们的推理及想象能力得到锻炼。平时寻找一些谜题，没事的时候就猜猜看，别一上来就找答案去对照，多动动脑子，有需要计算的也动动手，多做联想，争取自己猜出答案来。

这个游戏也可以和家人或者朋友一起进行，题目也要尽量找适合我们当下理解能力的，不要找太难的题目，但可以准备一些由易到难的题目，先从简单的开始猜，或者难易穿插着来，保证游戏趣味性的同时还能保证游戏能一直进行下去。

另外，对于一些较难的题目，也可以加入各种提示。比如，组队进行猜谜比赛，遇到不容易猜的题目，可以让自己这一队的队员通过动作或简单的语言提示，来促进猜谜。

（3）角色扮演游戏。

和家人或者朋友们商量一下，可以有两种选择：一种是扮演已经存在的、我们自己又比较喜欢的角色，比如喜欢奥特曼，那就演奥特曼打小怪兽；另一种则可以扮演纯粹想象出来的角色，比如设想自己是大侠，行侠仗义，笑傲江湖。

然后，根据角色的设定，我们和家人或者朋友就可以自己来上演一出戏剧，身边可以用的工具都能使用上，场景也可以自己布置出来。如果有可能还能演成系列片，每天都演一点，假如再有可以记录的仪器在，那我们岂不是自己就能"导演"好玩的剧集？怎么样，这样的游戏想想都觉得兴奋吧？

尤其是想象中的角色，这不仅需要我们想象角色、故事发展、场景设定、人物特点等内容也都需要靠想象来完成，这无疑是对我们想象力的一种锻炼，可谓一举多得。

（4）接龙游戏。

所谓接龙，简单来说，就是说出来的词或者句子能够首尾相接一直连下去，这个游戏不需要什么特殊准备，重点就是考查我们头脑中的知识储备，不管是词还是句子，首尾相接或者同一特征不间断地接下去，都是需要思考的，只有想得够多、够周全，才能将这个游戏继续下去。

类似的游戏还有很多，和家人或者朋友们一起多找一找，总能找到大家都喜欢玩的游戏。不过，有一点需要注意，那就是现在的很多益智游戏都出现在电脑或手机上，但并不建议去玩这样的游戏，益智游戏应该放在现实生活中去玩，这样我们的手脑眼耳等各个器官都能活动起来，电脑或手机中的游戏虽然也可以起到锻炼的效果，但终归还是会将我们的身体束缚在一个地方。长期久坐对身体有害，长期看光亮的屏幕对视力也有损伤，所以建议大家还是在现实生活中多玩一些游戏吧！

知识的累积是创新的前提

要创新，靠什么？有人说"靠脑力"，这没错，脑力是能想到新点子的基本要素。不过，只是靠脑子想就可以了吗？

举个例子：如果说要造一辆车，怎样才能造得更加与众不同以及新意十足？显然，我们首先得知道车的样子，也就是车的基本构造，也要知道车前进、后退、转弯等各种原理，还需要知道车的动力来自哪里，以及这个动力是怎么驱使车前行的，还要考虑车的安全性、稳定性，最后才能思考怎样让这辆车有亮点。

仔细分析一下，造一辆车所需要的这些内容，其实绝大多数都是过去的知识，也就是说我们首先需要有足够的知识积累，然后在已有的知识基础上再去寻求更多的变量，这样才有可能产生创新。

其实所谓创新，就是在原本基础上创造一个新的东西，而不是凭空臆造什么。否则，就算我们再怎么有想法，在大脑一片空白的状态下，也是什么都造不出来的。

所以，知识累积才是创新的重要前提。只有头脑里拥有大量的知识储备，我们才能更方便地调用这些知识，并发现哪里是可以改进的，在哪个地方是可以有创新开发的可能的。原有的知识，将是我们进行创新的一个基本雏形，必不可少。

2011年，四川成都一位名叫何奕颖的9岁小学生发明了一个具备防盗功能的安全锤。这个安全锤具备光敏传感器和红外传感器，尤其是红外传感器，在夜间也能发挥作用,可谓是双保险。传感器通过三极管和一个音乐片相连,如果安全锤被拿走,那么传感器就会连通音乐片,扬声器就会发出警报声。

何奕颖的这个创新发明源于一次偶然发现,暑假时她坐公交车,发现车上的安全锤被偷走了,而类似情况许多公交车上都发生过,安全锤的丢失都是无声无息的,万一遭遇危险,没了安全锤,对乘客的安全也是个威胁。

何奕颖想,如果安全锤能有防盗功能就好了。于是在又一个假期时,她和物理系毕业的爸爸一起,从玩具上拆下电池、音乐片,又找来焊板、传感器、三极管,还到公交公司借来一个安全锤,开始了她的创新发明。

在调试过程中,她又想到了光敏传感器只能在白天使用,夜晚光线不明亮时也同样不安全,她很快联想到了以前看过的科学书籍上提到过不受黑夜影响的红外线,于是又增加了一个红外传感器,这下安全锤有了"双保险"。整个防盗装置小巧又便于安装,成本还低,是一个非常棒的创新小发明。

从何奕颖的这个发明来看,这个创新就来源于生活,而她为安全锤安装的防盗装置,也都是从已有知识的基础上得到的启发。再加上她也考虑到了安全锤本身的实用功能,所以不管是安装还是使用都非常方便,而这也是这个创新的一大亮点。

可见,创新不是什么难事,知识储备是它可以蓬勃发展的根本所在。所以,从现在起,开始积累更多的知识吧。

前面提到过要多看书,这无疑是增长知识的最主要途径,看书最好是包罗万象,不局限于特定的内容,这样可以保证知识的积累是全面的。

有人可能会说:"我就是喜欢看某一类的书怎么办?"那就把那一类的书当成是看书阅读的主要内容,但是其他类别的书也不要就此全部丢弃,能看一点是一点,能积累一点是一点,没准儿通过哪一篇文章或者哪一个故事,就能喜欢上其他类别的书籍了。总之,多看好书准没错。

除了通过书籍来获取知识,生活中可以给我们提供知识的渠道还有很多。

比如,和爸爸妈妈学习打理生活,这就是生活知识的最好来源,从整理自身开始做起,再好好学习整理所处的生活环境。这些生活常识不仅是我们生存必须要学的内容，也是使我们将来生活得更顺畅的保证。所以，没事的时候跟着爸爸妈妈学习做家务，学习处理生活中遇到的小难题，学习怎么提升自己的生活质量，多学习这些东西绝对有利于我们未来的独立。

还比如，多出门四处走走，外面的世界也将为我们提供更多的知识。从地理知识到风土人情，从历史回顾到人文发展，从传统文化到科技进步，在外面的世界里，我们都可以找到这些知识的影子以及它们所发挥的作用。因此，有足够的时间时，参观展览、旅游、参加义务活动等行为，既能让全身都动起来，以锻炼身体的素质，同时也会让我们学到各方面的知识，丰富自己的头脑储备。

有了这些知识之后，我们就能创新了吗？还不完全。还需要将这些知识进行整理吸收，要将它们变成自己的知识，这样等到使用的时候才能更快地调取出来。平时还要注意对自己已有的知识进行整理，如果有遗忘的，还应该返回去再看一看，如果已经有更新的，也要及时关注新知识。

不要让约定俗成的事物束缚住手脚

在学习上有创新，才会刺激我们想要多学，并将已经学到的东西加以运用，但是很多孩子觉得创新很费劲。这是因为他们总是守着老旧的一套，越学越枯燥，最终不仅没了学习的兴趣，知识的运用也显得死板而没有新意。

要创新，就要敢于对旧有的东西产生怀疑，敢于对过去说"不"。可是很多孩子并不具备这样的能力。

一次考试，有个女孩没有考出好成绩，原因是最后一道分值最高的应用题没有做完，这让她感到很遗憾。

妈妈问她："是因为不会做才做不完的吗？"

女孩摇摇头，说："最后那道大题需要列方程，我按照书本上教的方程式的列法一步步写下去，步骤很多，所以就写不完了。"

妈妈又问："步骤不能简化吗？或者你就没想过用其他更简单的方法吗？"

女孩懊恼地说："我也想过啊，还曾经根据书本上的解题过程想到过新的方法呢！可是，我怕用不是书本上的方法会出错啊！就这个解题思路最保险！"

这回轮到妈妈摇头了："如果有更好的方法，你完全可以用啊！怎么能被书本上约定俗成的要求束缚住呢？只要方法正确，过程就算简单一些，也能得出正确的结果吧。你呀，可不能这么死板啊！"

我们可能都犯过这个毛病，书本上讲了什么方法，不管是考试答题还是平时解决问题，就按照书本上教的方法去做，仿佛和书本上做得不一样了，就是错误的。而正因为有了书本上的教授，所以我们也就"乐得"不再费劲多想，自然也就谈不上什么创新了。

简单来说，正是那些约定俗成的东西，才让我们创新的思想被压抑住了，才让我们的手脚被束缚住了。无法创新，学习也就成了刻板的搬运，因为不用创新，自然也就不会有过多的思考，如此下来的学习，将会多么枯燥无味。

所以是时候挣脱束缚了！不过，要挣脱这些束缚，我们也要理智且有智慧。

（1）不要否定书本和已经得到验证的道理。

一说要挣脱过去的束缚，一说不能被约定俗成的事物限制，有的孩子就会错误地理解为"书本上的东西都可以不用看了"。这种理解可要不得！因为既然已经成书，既然已经是课本，其中的内容就一定是有用的。这些知识是我们创新的基础，不能随便否定，更不能随便丢弃。

这里所说的不能被束缚，是不要刻板地、一字不错地按照书本上教的去做，要根据实际情况去灵活地处理知识，灵活地将知识运用到问题上去。

不仅仅是书本上的知识，一些固有的道理也是如此。特别是一些真理，不要轻易去否定，因为这些真理已经经过了多少代人的验证，不是我们想要摆脱就能毫不犹豫地不理会的。

（2）在正确的基础上去思考新的方法。

挣脱束缚，不是完全不理会旧有的东西，恰恰相反，旧有的那些东西就是我们思考的基础，也就是说我们要将这些旧有的知识、道理、规矩当成台阶，踩着它一步步向上走，或者将这些知识与新的知识糅合在一起，形成新的解决问题的办法。

当然了，我们也要有判断能力，旧有知识有的是可以发展的，有的则是过时的、不符合时代的，也要学会选择。若想要做出正确的选择，就需要我们多接触新知识,选择最符合自己当下需求的知识才可能有更好的发展。

(3)用不着急于创新,因为这件事是急不来的。

创新不是一时半会儿就能做到的事情,所以不用着急。可以先试着找找感觉,看看自己是不是真的被旧有的框框束缚住了,到底有没有勇气挑战约定俗成的事物。比如,找过去的一些题目,试着考虑一些新的解题方法,看能不能跳出原来解答的框框。当然,要做到这一点,还是需要我们具备大量的知识,所以如果一时半会儿想不出新方法的话,要看看自己是不是知识储备不够,这也是阻碍我们跳出旧框框开始创新的一大障碍。

总之,创新之前,得先让自己做好准备,一方面有摆脱束缚的意识,另一方面也要有摆脱束缚的资本。好好充实自己吧,直到自己有能力去创新!

勇于尝试，但要合法合规

总体来说，创新是一件需要勇气的事情，敢于挑战旧有的内容，敢于打破旧有的规矩，然后才能有所建树。

有人也许认为，创新嘛，只要敢想敢干就可以了吧，只要有与之前不一样的新结果就可以了吧。其实不然，勇于尝试去创新，其心是好的，但不管怎样创新，有一点是绝对不能忘记的，那就是要合法合规地去创新，不能天马行空一般地任意妄为。

举个简单的例子来说，前面提到过，有个女生发明了安全防盗锤，她是从保证乘客的安全角度去考虑的，她的发明兼顾了安全性与实用性，而且这项发明也维护了正义，是一种正能量的体现，显然就是合法合规的创新发明。而如果把她的想法反过来，看到偷盗安全锤这么麻烦，也想着创新一次，发明一个能"巧妙躲开人们关注的偷盗工具"，以更"快速便捷"地将安全锤偷出来，还能保证不被人发现，这样的发明明显就已经违法违规，是绝对不能尝试的"创新"了。

通过这样的对比，我们应该看出来，创新也是有界限的，在不违法、不违规的前提下去创新，才是我们所提倡的，对那些歪门邪道应该尽量回避！

不过，有的人可能把握不好这个界限，尤其是当一门心思投入其中，只想着怎么能推陈出新、怎么能出成果的时候，就会无意间忽视了法律法规。所以，关于合法合规这方面，我们也要提起重视来。

首先得了解法律法规对我们生活的重要性，它们的存在是生活必不可少的，有了法律法规，我们的权益才能得到保障，我们自身的安全健康才能得到更好的保护。有的孩子会说：法律法规这么严肃的事情离我太远了，我还是个孩子，我能惹什么事？话可不能这样说，孩子的思维要比成年人更加灵活，很多事情我们可能会比成年人更加敢想敢干，凭着一股子"初生牛犊不怕虎"的精神，说不准做的什么事就会触犯法律法规。

所以，有空了也要关注一下法律法规，或者让爸爸妈妈给我们简单讲一讲，或者上网查询一下相关的法律条文，或者翻阅一下法律类的书籍，关注一下与我们生活相关的法律法规都有哪些，并时刻注意不要触碰法律法规。

了解了法律法规的重要性之后，我们就应该注意约束自己的想法了，像是有可能给某些犯罪分子提供便利的创新，就应该坚决抛弃了，以免我们的无心给某些有心的人留下可乘之机。

我们来看一个假设吧：

假设说有个孩子因为父母是双职工，他每天都要自己带钥匙开门回家。但是他又比较粗心大意，钥匙经常想不起来带，或者想不起来丢在哪里了，结果就进不了家门。

为了能更快进入家门，他就想着发明一种方便用其他东西打开的门锁，以备在自己没带钥匙或者丢了钥匙之后还能进入家门。

乍一听起来，这个创新发明的确是在给我们提供便利，忘记带钥匙也的确是很多人生活中的苦恼，进不了家门的着急心理，的确会让许多人有如果门能一推就开或者能用其他东西快速打开就好了的想法。

可是，如果这个对门锁的创新真的付诸了实践，这将是多么危险的一件事！这就相当于提前给小偷准备好了条件，他们将再无任何阻碍，随便使用个什么东西就能出门入户，而且畅通无阻。这样的创新，从某种意义上来说，就是违背了法律法规，就是在为犯罪分子提供便利条件。

所以，在创新过程中，别总想着自己方便，别毫无顾忌地就去尝试，方方面面都要考虑到，以免自己为捡芝麻而丢了大大的西瓜，更严重的是反倒给自己找了麻烦。

说到这里，有的孩子就可能会反驳了，还用这个发明巧开门的门锁来说，考虑了不能违反法律法规，那我自己该进不去还是进不去啊！自己还是不方便啊！其实这就需要我们的思路更为灵活开放一些了。

与其抱怨不能发明这样简单实用的门锁，倒不如培养自己的好习惯，让自己再也忘不了带钥匙这件事。还可以想想有什么方法可以规避这种给小偷提供便利的可能，比如设想只能用自己家人才能使用的物品去开锁，或者只能靠家人自己才能打开这个门锁的方法。也就是说，我们的创新最好考虑全面一些，最好能再拓展一下自己的想法，以保证创新既能满足自己当初的设想与需求，又不会违法违规，这才是我们最终要实现的目标。

平日细心观察，创意源源不绝

要创新就需要多学习，多学些知识会给我们的创新提供基础，但是有了基础还不够，如果缺乏足够好的创意，这些基础知识就还只是停留在头脑中的知识，发挥不了更大的作用。

所以，多学习是必需的，可是要想真的能创出新来，还需要一个最重要的元素，那就是"创意"。

创意，简单来讲就是一种创造、创新的意识，它是创新能继续进行下去的关键所在。一个好的创意，犹如一粒各方面状态绝佳的种子，这样的种子种下去之后，才有可能长势喜人，才有可能开出美丽的花，结出沉甸甸的果实。

那么，创意又从哪里来？坐在那里用脑袋干想吗？当然不是！其实创意都来源于生活，如果平日里我们能细心观察生活，多思考，创意自然会源源不断地涌现出来。

2011年12月，广东省惠州市曾经举行过一次"青少年创新金点子"的活动，在活动中，很多小学生的创意都让人眼前一亮。

比如，有的小学生发现，现在的路牌都是为正常人设计的，盲人却看不见，可能也就不知道自己身处何地。根据这一发现，他设计了一个安装有录音设备的路牌，将路牌读出来录进去，盲人走到路牌旁，摸一下就能听到报读，从而解决了这个问题。

还比如，有的小学生又根据发生在自己身边的同学落水事件，产生了设计"救生书包"的想法，几个孩子一起设计方案，在书包内部和两侧都加入了制作救生衣的泡沫，书包里还设计了贴心的防水层以保护书本文具。如果上下学路上不小心掉进水里，书包就能变身为救生工具，不仅能救自己，甚至还能救别人。为了体验效果，参与设计的一位小女生还亲自跳进水里进行试验，以检验这个书包是不是真的能救人。

不仅仅是小学生，中学生同样也有金点子。在看到那些因为没人看护而导致的幼儿走失或者遇险的事件之后，两位初中生开始思考幼儿看护的安全问题。最终，他们用信号发射器和接收器制作出了"幼儿看护器"，信号发射器放在孩子身上，信号接收器则在父母这里，接收距离可以自己设定，一旦孩子走出了设定距离，父母身上的接收器就会发出警报，以提醒父母看好孩子。

这些创意的金点子，无一不是从生活中来，孩子们通过细心观察，发现了生活中存在的种种不算完善的情况，所以一个个的创新也就成了改善这些不完善的金点子。

由此可见，要拥有创意没有那么复杂，想要有好的创意也不是什么难事，重要的是我们要学会观察，要有足够的细心，能够发现那些可以引发创意的灵感之源。要做到这一点，就要在平日里多下点功夫。

（1）对生活中的事情多注意思考。

平时生活中我们不能得过且过毫不用心，生活中总会有一些事情能够引发我们的思考，甚至引起我们更多的联想，这些就是创意，可别让它们就这样无声无息地消失掉。对于生活中的事物与现象，最好多问几个为什么，多进行一些联想，没准儿就会有什么灵感冒出来。

（2）观察与思考要结合起来。

观察和思考并不是两件毫不相干的事，观察的同时一定要思考，而思考之后也要继续观察，或者反复观察。只有这样，我们才能发现所观察的事物或事件中可改进的地方，也才能去创新。

（3）不要刻意去观察。

平日的观察不是什么重要的任务，所以不需要我们特意留出时间来没完没了地四处看，这里说的观察只是提醒我们要对自己的生活多加留心，比如，等车的时候、走路的时候，或者在某些感到不太方便的时候，遇到困难的时候，随时随地我们都能进入"观察模式"。

而且有些东西，越是刻意去观察反倒越看不出什么来，越是不经意间的一瞥，越能灵感突现，发现些什么。

（4）及时整理自己的创意。

通过观察得来的创意，有时候可能会出现很多，有些创意也许前几天是一个样子，过一阵子就又会有变动。对于自己出现的创意，建议动动笔记下来，没准儿什么时候就能万事俱备，从而让这个创意得以实现。而记录下来的创意在以后翻看的时候，也许还能有更好的改进或者更好的点子想出来，所以及时整理会让我们的创意不至于昙花一现，而是能长久保存，并能随时取用。

第十一章
培养坚韧精神，直面挫折与压力

说起来，学习好像也不是一件简单的事情，要集中精力，要手、脑、眼、耳合作，但即便如此努力，也还会遭遇挫折，还会因为某些过不去的坎儿而心生压力。但是，不能逃避，否则将永远学无所成，因此才要培养坚韧精神，直面学习中的挫折与压力！

每一次的挫折都是一堂成长的课

学习的道路绝对不会是一帆风顺的,总会遇到理解不了的知识,碰上做不出来的难题,也会遭遇解答出错的尴尬,还可能会在种种原因影响下考出糟糕的成绩。这些真是再平常不过的事情了,但是,并不是所有的人都能以一颗平常心来应对挫折,有的孩子的确能在挫折中成长,有的孩子却会被挫折打败。

2014年12月26日,安徽省合肥市某学校举行了考试,初中一年级的一名12岁女孩最终的考试成绩并不理想,担心一直关心她学习的爸爸知道了这个成绩后会责骂她,便偷偷地改掉了成绩。

可是29日晚上,爸爸检查她的试卷时还是发现了篡改的痕迹,成绩不好再加上说谎,爸爸对女孩的表现很失望,父女俩争执了几句,女孩赌气回了自己的房间。

到了第二天早上,父亲6点多就起来了,却发现女孩没在自己的房间,他有些着急地出门寻找,但走下楼后,才发现女孩竟然已经跳楼身亡。

仅仅是一次考试,就给一个家庭带来了如此巨大的变故;仅仅是一次失利,就让女孩又是造假又是赌气最终还搭上了自己的性命。学习中的挫折难道是如此难以逾越的鸿沟吗,以至于不惜放弃自己的生命?

如果一个人太缺乏坚韧精神,在挫折面前,不是想着如何改变自己去战胜挫折,而是想着掩盖,想着据理力争,甚至以自己的生命来相要挟,是非常不理性的表现。

学习中遭遇挫折并不是什么丢人的事情，几乎所有的学生都会经历，所以没必要因为一点挫折就觉得抬不起头来，勇敢地迎上前去并想办法战胜它才是正确的表现。

来看看名人们在挫折面前都是怎么做的吧！

法国著名作家福楼拜，在写完《包法利夫人》后便将作品投递给了出版社，但最终被退了回来，退稿信上写着："整部作品被一大堆甚为精彩但过于繁杂累赘的细节描写所淹没。"

美国杰出诗人惠特曼的作品《草叶集》，也曾经在1855年时被以"出版大作当属不明智之举"的名义而退稿。

美国浪漫主义小说家赫尔曼，著有著名作品《白鲸》，但这部小说也在1851年时被退稿，退稿信上则直言不讳地写道："……此小说根本不可能赢得广大青少年读者的青睐。作品又臭又长，徒有其名而已。"

面对这样毫不留情的退稿，作家们却没有就此退缩，也没有因为挫折而放弃，他们对自己的书稿进行了一次又一次的修改，最终这些作品都成了传世之作。

石油大王洛克菲勒曾经这样告诫他的儿子："当你精神上感到沮丧，想要放弃的时候，你真的会输掉一切；而当你藐视挫折，坚持向前的时候，你不久就会明白，暂时的失败其实算不了什么。一旦你精神饱满地去克服困难，光明便会呈现在眼前！失败是一种学习经历，你可以让它变成墓碑，也可以让它变成踏脚石。"

那么，知道应该怎么应对挫折了吗？没错，那就是坚强一点，别被挫折吓倒。对于还在成长的我们来说，挫折是再好不过的成长促生剂。因为挫折会让我们看到自己的不足，会将我们的不好毫无保留地暴露出来，越早经历挫折，我们才能越早地纠正错误、弥补缺点；越多地遭遇挫折，就能让我们越快地完善自我。

当然了，挫折面前，感到郁闷、难过，觉得不好意思，这也是人之常情，有这样的情绪是正常的，不过可不要陷入这样的情绪无法自拔。我们应该将更多的精力投放到思考为什么会出现这样的挫折以及应该怎样战胜这样的挫折上来。

可以想想看，之前自己的学习方法是不是正确的，有没有错误地领会老师的讲课内容，或者有没有错误地理解了书中的讲解，有没有记忆错误，是不是存在漏记的情况，有没有粗心……要将所有可以想到的原因都对应自己的情况考虑一遍，以更快地找到问题所在。

当找到问题之后，就应该想想可以用什么样的方法去应对，是需要自己自行调整就可以，还是可以和同学们讨论就能解决，又或者是需要找老师帮个忙，尽快确定解决问题的办法。

战胜挫折之后就算结束了吗？还没有。我们还要对自己的这次经历进行总结：第一，要记住错误，以防止以后再犯同样的错误；第二，要记住解决办法，最好仔细检验自己是不是能够独立应对同样的问题；第三，要举一反三，看看自己是不是还有其他的问题没被发现，趁着这次的检查也一并处理。

总之，每次挫折都是我们检验自我和促进自我成长的最好时机，所以别总是体会其中的悲伤，要多看到其中所映射出来的希望，尽快让自己成长，这该有多棒呢！

自我暗示：我可以做得更好

先来看这样一个小故事：

马上就要开始考试了，大家都很紧张，学生甲和学生乙也不例外。

只不过，学生甲在心里想的是："听说这次题目很难，不知道我能不能做得出来，也不知道能不能在规定时间做完。啊，如果做不完怎么办？如果前面有一道题卡住了怎么办？我的成绩一直还可以，如果这一次考得很糟的话，大家是不是就会嘲笑我？怎么办？我觉得我做不完了。"

而学生乙则是这样想的："老师说题目不简单，不过应该也没关系吧！老师上课讲的我都听懂了，留的作业题也都会做，内容也都理解了，所以我应该没问题，就算题目有些难，我应该也可以应付得了。倒不如说，我可以做得更好，没准儿能把这些难题全攻克了呢！加油！我可以的！"

结果，考试卷子发下来了，虽然的确不简单，却也都是老师课上讲的内容，只不过是进行了一些复杂的变化。学生甲因为一直担心自己做不完、会出错，最终果然没做完，还做错了好几道题；学生乙却一直稳稳地答着题，不断地提醒自己不要着急、没问题，结果他不仅全做完了，而且正确率也非常高。

其实这个场景在每次考试中都可能会出现，那么回忆一下自己的情况，是处在学生甲的情况多呢，还是处在学生乙的这种情况多呢？

如果总是像学生甲那样不断地担心并暗示自己不行，就算自己会做的题目，可能也会出错或者做不完；但相反，若是像学生乙那样向自己传递了积极的自我暗示，相信自己可以做到，甚至可以做得更好的话，我们也可以和他一样取得好成绩。

也许有人会怀疑：在学习方面如此自我暗示不会显得很自大吗？这就要看我们到底如何自我暗示了。

如果毫不顾忌自己的现状，一上来就毫不犹豫地说"我干什么都没问题！我可以取得更好的成绩！我绝对也能拿第一"，这样的话听来的确是说大话。就算要进行自我暗示，也要先好好看看自身的基本情况，比如，自己基础是怎样的，已经掌握了多少知识，存在哪些问题和漏洞，自己的水平在班里是个怎样的位置，等等，确定了这些，才能更好地给自己自我暗示。

如果自己的成绩比较差，那就可以暗示自己"我有很大的提升空间"；如果学习成绩是中等的，那就可以暗示自己"我可以比现在做得更好"；假如学习成绩一直很好，也同样可以暗示自己"我很棒，我可以保持自己的好成绩"。

也就是说，不仅要相信自己可以做到某些事，同时也要认清自己的现实，不能夸大其词，不能为了暗示就毫无根据地自夸。否则，原本成绩就很差，还偏要暗示自己"可以考第一"，这无疑就是想要一步登天，其结果只能是美梦一场。

那么有了积极暗示之后就一定能有好结果吗？当然也不一定了。积极暗示只能带来自信心，重点是我们还要付出努力，真的为了达到自己所期望的目标而努力。该学习的内容不能少，该做的练习不能少，该认真的时候还是要认真，可不要因为有了积极暗示就觉得自己有了必胜的保障。

另外，积极暗示的确会让我们感到心情愉悦，但也不要被这种愉悦冲昏了头脑，还是要认识清自己的现实，并在这个现实基础上不放弃努力。尤其是那些成绩已经很好的人，别觉得保持成绩是一件很容易的事情，我们身边还有更多在不断努力的人，如果我们不付出更大的努力，可能很快就会被这些人所超越。

所以，我们应该正确使用自我暗示，要让自己能在自我暗示的帮助下，跨越学习中的障碍，摆脱懈怠的毛病，更好地将学业进行下去。

在感到绝望的时候，再坚持一下

"学习这件事，不在乎有没有人教你，最重要的是在于你自己有没有觉悟和恒心。"这是法国昆虫学家法布尔的一句名言，意思就是，在学习这方面，我们必须自己勇于坚持，不仅仅是在平时，特别是在感到绝望的时候，坚持显得尤为重要。因为绝望面前，很多人会更"喜欢"放弃。但是，放弃只是可以暂时逃避眼前的困难，并不能从根本上解决困难，再加上学习本来就是我们自己应该做的事情，所以逃避解决不了任何问题。

那么，应该怎么坚持？对于有些人来说，坚持很难，那么就看看法国微生物学家和化学家巴斯德是怎么做的吧！

19世纪时，狂犬病还是无法治愈的顽症，每年都有数以百计的法国人被狂犬病夺走生命。

1880年年底，一位兽医带着两只带有狂犬病病菌的狗找到了巴斯德，询问可不可以利用病狗的唾液来制作狂犬疫苗。

巴斯德立刻组成了一个三人小组开始研制狂犬病疫苗。但是，采集病狗唾液的工作非常危险，一个不小心就有被咬伤并丧命的可能。

有一次，巴斯德为了收集唾液，竟然跪在病狗的脚下耐心等待。

虽然采集了唾液，但是经过一系列的动物实验后证明，病毒并不是从狗的口腔中分泌出来的。为了探寻究竟，巴斯德继续展开研究，一次次失败纷至沓来，再加上还要冒着生命的危险，巴斯德的实验研究着实让人捏了一把汗。

但最终，他还是找到了狂犬病毒的发源地，并根据病毒的特点开始反复地实验，利用兔子的脊髓进行病毒传代，使之毒性减轻，最终再将带病毒的兔子脊髓取出进行自然干燥，然后研磨制成乳化剂，再用生理盐水稀释，巴斯德狂犬病疫苗由此诞生。

但是，刚问世的疫苗在生产技术上还不成熟，再加上科学界的很多人都反对巴斯德的做法，并质疑疫苗的安全性和有效性，一番争论之后，巴斯德冒着生命危险研制出来的疫苗并没有得到有效的应用。

1885年，一位近乎绝望的母亲带着被病犬咬伤的9岁小男孩找到了巴斯德，求他救救自己的孩子。尽管颇受争议，但为了不让男孩就在自己眼前死去，巴斯德反复思考之后下定决心，为他注射了人类的第一针狂犬疫苗。

自从为男孩注射疫苗后，巴斯德便开始彻夜不眠地等待，在连续注射了十几针乳化剂后，男孩恢复了健康。

巴斯德成为当时世界上第一个将人的生命从狂犬病那里挽救回来的人。

自此，狂犬疫苗才开始走进大众的视野，而巴斯德也因为在狂犬病疫苗领域的冒险努力获得了法国民众的尊重。

为了研制狂犬病疫苗，巴斯德可谓经历了几次绝望：冒着生命危险采集唾液，发现唾液并不是病毒来源，疫苗一次次失败，成功之后却又无人承认，第一次在人身上使用的忐忑……可是这些绝望都没有让巴斯德放弃，他坚持了下来，即便有生命危险，他还是坚持了下来，并最终得到了满意的研究成果。

巴斯德研究狂犬病疫苗的过程其实也相当于一个学习的过程，有开始的艰难，有过程的风险，也有结果的一波三折，整个过程并不是一帆风顺的。这恰恰就是学习的状态，学习的道路原本就不可能一帆风顺，而只有坚持不懈地努力才能看到最终的学习成果。

所以，学习道路如果遇到类似于"某次考试成绩突然差到了谷底""有些知识怎么都学不会""就是解决不了一些难题"等让自己近乎绝望的情况时，别灰心，再坚持一下，难道我们就甘心以失败来结束学习吗？当然不是！

感到绝望了，可以先失落一会儿，让自己的难过情绪释放一下，但是不要钻进这样的情绪出不来，还是要在慢慢调整自己心情的时候对自己说："谁都会遇到难处，如果别人能坚持下来，我也一定没问题。"

自己给自己打气是最能回复自信的方式，告诉自己"坚持一下"，虽然坚持不一定让我们立刻看到曙光，但如果不坚持的话我们将永远背负那个绝望的状态。而且，学习是一件多么难以预测的事情，什么情况都有可能发生，最好别太计较，该放开的还是要果断放开，该调整的也要立刻进行调整。

试试把没做出来的题再看几遍，再翻翻书重新学习一下，找找老师或者找找同学讨论一下；试试把那些让自己感到很没面子的试卷翻出来看看，别去看分数，只看自己做错的题目，重新做一遍，找类似的题再练习一下，保证不再犯错；将自己没搞明白的内容再翻一翻，想一切办法弄明白就好……

总之，坚持是做一切事情能成功的必然法宝，学习也不例外，别轻易就被绝望打倒，就如弹球，落得越低，弹得反而会越高，所以再坚持一下，没准儿我们也能绝地反击。

遇到难关时,请读一本知心的书

虽然说挫折面前我们得坚强,虽然说绝望的时候一定要坚持,但并不是要求我们当下立刻就要振奋起来,因为那种郁闷的心情并不是一下子说转换就转换得了的,而且有些难关并不是说只要一直盯着它就能有所改变。

当遇到难关时,我们完全可以找一本知心的书来看,没准儿就能从书中获得提示,或者从书中收获安慰,当然,如果幸运的话,还能从书中找到解决当前困境的好方法。

比如,在学习过程中遇到了障碍,遇到某个难题就是做不出来,怎么想都想不出头绪,我们就可以暂时抛开这道题,找一本能让自己的大脑得到休息转换的书,例如看看休闲类的文字,让大脑休息一下,别让神经绷得太紧。没准儿在看书的过程中,大脑不再去钻牛角尖,也许某段文字或者某个词就能提示我们想到解决刚才那个难题的方法。

这个过程我们应该比较熟悉,很多动画片中不是就有类似的场景吗?被某个问题卡住的时候,从某本书上看到或者听某个人说起什么话,然后灵感突然就来了。

我们要的也是这样一个效果,所以遇到难关时,不要自己一条道走到黑,如果一时找不到其他人求助,书就是我们可以求助的最可靠伙伴。

(1)找一本合适的书。

遇到难关时,我们往往会心情烦躁。比如,某道题就是做不出来,或者某个知识点就是看不懂,这时假如还坐在桌前一直捧着书看,明显就是在自虐，该想不出来的内容还是想不出来，反倒是自己越来越郁闷。所以，此时反倒不如干点别的事情来转移一下注意力。

而要看书，就应该找一本合适的书，与学习背道而驰的书是不大合适的，因为有可能导致我们完全偏离学习，只顾着翻看有趣的书了。可以看看比较简单的，不那么费脑子的休闲类文字，比如散文、智慧小故事等。也可以找一些锻炼脑力的脑筋急转弯、猜谜等书籍简单翻一翻。也就是说，我们要找的书得贴心，要让我们能看得下去，且不会感到枯燥厌烦。

也许有人会问：那做点别的事不可以吗？不是不可以，只是我们在学习上遇到难题的时候，多半都处于做事做了一半的时候，如果直接改去做别的了，就意味着我们的学习没有完成，而看书就不存在这种太过转移注意力的情况了。

（2）看书要"入心"。

既然书已经选择得这么知心了，那么我们在看书的过程中就一定要走心，可不能手里拿着书，脑子却还在考虑刚才的烦躁，书一点没看进去，烦躁也一点没减轻。既然是要转换脑子，就应该真的看进去，让书中的文字覆盖烦躁，只有这样，书的作用才能得到体现。

看书就是看书，别想太多，看的过程中，说不定什么时候就会有一段文字或者一个词语带给我们灵光一现，从而让我们有所收获。

（3）不要忘记了初衷。

有的书可能很好看，甚至会让我们最终忘记了原本应该在做的事情，这样可就不好了。看书也应该看个差不多，如果已经有灵感冒了出来，那就赶紧顺着灵感去解决之前的问题。即使一时间并没有找到灵感，但看书的过程也已经让我们的大脑得到了足够的休息与思路转换，所以看一段时间之后也要放下书，重新投入之前的学习中去。

改变得了的要努力改变,改变不了的就去接受

虽然人们一直都在说,学习是努力就能见成效的一件事,但这显然并不是绝对的,有些问题是可以通过领会再努力,从而有所改变的,但有些问题也许是我们怎么努力都看不见成效的。

那这时应该怎么办?是要不断给自己打气并一直努力下去,并坚定信念一定要看到结果,还是怎么都不服输,即便头撞南墙也绝对不改变?其实这些问题都不能太过绝对地给出答案。

学习过程中遇到变数,遇到跨越不过去的障碍,我们就应该分两种情况来对待:一种是可以改变得了的情况,而另一种则是改变不了的情况。

对于可以改变得了的情况,要看看我们都可以做到哪些事情,然后再一项一项地付诸努力,以实现改变现状的目的。

比如,一个女生在上课时总是偷偷看小说,老师讲了什么内容她都没有听到,尤其是重点内容都被忽略掉了,结果不管是课后练习作业还是考试,她的成绩都不算好。在和老师进行沟通之后,女生意识到了自己的问题,决定改变自己课上不好好听讲的行为,将小说暂时收起来,上课好好听讲,小说留到下课或者放学之后没事的时间再看。经过一段时间的调整,女生不仅可以做到认真听讲,对老师讲解的内容也能做到一字不落地都吸收进来,学习成绩又有了起色。

这个例子中提到的女生,她遇到的问题是由于自己的失误而造成的,并不是她学不会,而是她思想开小差,一心二用,这才导致她学习成绩出现大

幅波动。所以，这时候老师和她的交流以及对她的鼓励，就成了她努力的动力，而她能主动改正毛病，并逐渐将自己的注意力从小说拉回到学习上来，这样她的努力也就有了成效，成绩自然也会提高。

也就是说，如果某些问题是由于我们自己的主观原因造成的，或者说是我们可以改变的，那就不要放任不管，赶紧动起来，主动改掉毛病、弥补缺陷，不要因为自己不努力而留下遗憾。

但是，如果有些问题与此情况相反，又该怎么办？

比如，另一个女生，上课也认真听讲，对老师讲的内容也一字不差地能记住，但是脑子转得比较慢，对难题真是一点想法都没有。看着别的同学都能靠自己的思考轻松解题，女生感觉很苦恼，觉得自己就是比别人笨，有些自卑。

老师开导她说："并不要求所有人都要把那么难的题目都做出来，我们能力有限，这没什么，但是老师希望你能把自己可以做到的基础题目都做好，也就是说你可以将精力都放到基础类题目上去，别太过关注那些自己做不到的事情，接受做不到这个事实也不难。"

听了老师的话，女生想了好久，终于决定接受"我并不聪明"这个事实，不再追求和同班那些尖子生一样的聪明表现，而是专心踏实地看课本，翻看老师的讲课内容，多做基础的练习题。在以后的考试中，虽然女生每次都放弃那些很难的题，但凭借着极强的扎实基础，她能保证将所有基础题都做对，成绩竟然也很不错。

我们也会遇到这样的情况吧，周围的人表现得比我们好，可我们自己怎么做都做不到别人的程度。发现自己的笨，发现自己的技不如人，这些都是导致我们深陷自卑深渊的原因。但是，那又有什么呢？

每个人都有自己的特长，也会有自己的短板，有些短板可以通过后续的努力接上，但有些短板就是短板，是怎样努力都改变不了的"先天条件"，那么与其抱怨、与其懊悔、与其像填补无底洞一样地去努力，还不如坦然接受自己的短板，接受这些无法改变的事实，并转而将更多的精力投放到我们可以努力的地方去，反倒更令人感到轻松。

当顺境来临时，要集中精力求得进步

人生中不会全是逆境，学习中自然也是如此，总会有某些时刻，不管是学习新知识还是攻克各种难题，都会显得异常顺利。在这样的关头，我们应该怎么做呢？是沾沾自喜表现得无所谓，还是依旧刻苦努力如常，以趁势取得更大的进步？

新学期开始了，铭铭读6年级了。因为暑假时听从爸爸的建议，他提前学习了6年级的一些课程，所以在一段时间里，不管是上课听讲，还是课下练习，就算是随堂考试，铭铭都觉得非常顺利，即便有难题，他也是凭借自己课下的思考很快就能弄懂，在连续两次随堂测试中，他还取得了满分的成绩。

对于这种现状，铭铭满意极了。两次满分成绩让他觉得自己的学习真是太顺利了，估计这种状态能一直持续下去。于是，在拿了第二个满分之后，铭铭便放松了下来，上课也会开小差了，做作业也没以前那么认真了，边学边玩的情况越来越多。爸爸将他的状态看在眼里，在他又一次在玩的过程中做完了作业之后，爸爸检查了他的作业。

边看作业本爸爸边问道："最近学习很顺吗？"铭铭摆摆手说："是啊，都觉得好像自己所向无敌了！"爸爸笑了："这个状态不错啊！可是，我觉得依照你现在这个样子可是很快就会遇到敌人哦！"

铭铭眨眨眼睛："我不信。"爸爸学着铭铭的样子摆摆手说："你看，你明明可以做得更好，却一心二用，本来可以做对的题也就做不对了，看吧，这里，这里，还有这里，不是少了符号，就是用错了公式，还有数字也写错了。"铭铭的眼睛随着爸爸的手指移动，果然看到了自己的问题，不由得吐了吐舌头。

爸爸这时才说道："学习遇到顺境，这是多么难得的情况啊！你想，如果这个时候你能集中精力好好努力，你岂不是能多学到好多内容？如果能一鼓作气冲下去，你该有多大的进步啊！难道说你要等到逆境的时候再努力？那得多郁闷啊！"

听了爸爸的话，铭铭很不好意思，点着头说："我懂了，爸爸，我一定改。"

顺境来临，我们也许也会和铭铭有同样的表现，越是顺境，反倒越显得懈怠，会觉得自己此刻就是幸运神附体，所以怎样都无所谓，觉得自己怎么都能有好成绩。这种想法其实只是我们自己的美好梦想罢了，顺境更喜欢在努力的人身边陪伴，相反地，如果我们就此依赖于顺境，它也会意识到我们的不求上进，从而舍我们而去。

所以，好不容易遇到了顺境，还是集中精力以求更多的进步吧！

此时，要巩固好自己以前的努力，记得多复习，别觉得以前的内容自己学得如此顺利就代表自己都学会了，其实没准儿只是那个知识好理解，也许只是意识到了点皮毛，却没有了解得更深刻、更全面。

因此在顺境时，更要小心注意自己以前取得的成绩，要趁着这股劲头，回去看看自己是不是真的掌握了所有已学的内容，有没有存在漏洞，如果有，那就赶紧弥补。

巩固了以前的努力之后，就要看看自己眼下的表现，尤其是要注意自己有没有偷懒，顺境最容易催生懒惰，我们应该清醒一下头脑。

可以回忆一下自己最近的表现，并与自己之前的表现相比较，看看是依旧如前，还是比之前懈怠了许多。如果和以前一样，那就多鼓励自己，继续保持这股努力的劲头，尤其是遇到简单的学习内容和问题时，别轻视它们，依旧按部就班，哪怕最简单的题也绝不得过且过；如果已经不如以前了，那就更要小心了，因为此时我们已经很危险了。

此时最容易受到已经取得的那些好成绩的影响，最好多对自己说几句"那些成绩已经过去了，该好好继续努力"，慢慢安下心来，别轻视任何知识的学习，精力还是要放在当下学习上，继续努力让顺境能够得以延续。

渡过难关之后，要及时总结

错题本，是很多中考状元和高考状元最终取胜的法宝，要说它为什么这么重要，其实就是因为它的内容是这些状元们每攻克一次难关后的总结，其中包含了诸多经验、诸多解题或者知识要点，这些知识和要点都会直击难关的中心，所以复习时多翻一翻错题本，很多关键点都会一目了然，再学习起来也会更轻松。

不要觉得这只是状元们的专利，他们的这个经验也应该成为我们学习上的参考榜样，也就是说，当我们在学习上渡过难关之后，也要及时总结。因为这些难关都意味着我们在学习上存在各种漏洞，所以每攻克一次难关，也就意味着弥补了一次漏洞。学习的道路永远不会一帆风顺，而只有及时总结并记住渡过难关的经验教训，才能避免以后再犯同样的错误，所以这个总结就显得非常重要。

但是，难关本就已经很让人抓耳挠腮，颇为郁闷了，不仅要渡过难关，还要总结渡过难关的心得体会，在有些孩子的感受里，这并不那么容易。

来看一个榜样故事吧！

开始学习应用题的时候，陈林并没有觉得有多难，认为不过就是把普通的题目多加了几个字而已，书本上的练习又都和课程内容中的例题大同小异，做起来一点都不难。

但在这之后的一次考试中，陈林却发现他连一道应用题都做不出来，每道题都说得好多，数值也好多，条件还隐藏在句子里，总之就是看也看不太

第十一章 培养坚韧精神，直面挫折与压力

懂，更别提列式子计算了。

这次考试陈林的成绩都被应用题拉了下来，了解了他的情况之后，老师提醒他说："可不能这么松懈啊！应用题很重要，该认真对待才是。"

面对这个难关，陈林很懊恼，他不得不重新开始学习已经讲过的内容，除了自己反复看、反复理解，有了问题还去找老师再给他讲一遍，爸爸妈妈也被发动起来，在他遇到问题时给他一些提示。最终，陈林终于搞懂了应用题的出题意图以及解答应用题的方法。

事后，他写了一篇总结，其中提到"以后我再不能小看任何知识点了，本来如果好好听讲、有问题就提，可以更早学会解答应用题的，我却没有重视起来。耽误了时间不说，事后再弥补真是太困难了。而且，我对问题的理解也太简单，以后再遇到问题，还是从头至尾都看到，并仔细思考比较好。"

这就是一次难关后的总结，陈林并没有被难关所带来的烦恼而打倒，虽然也烦躁，但他能听从老师的建议，并且愿意踏实地从头来过。渡过这次难关的经历，通过他的及时总结，一定会成为他以后学习道路上的经验，相信在以后的学习中，他不仅会意识到所有知识都不能轻视这个道理，同时在解决应用题这方面，他也具备了足够扎实的基础。

通过这样一个榜样，我们可以发现从渡过难关到及时总结，还是有些问题需要注意的。

（1）要意识到自己陷入了难关。

很多孩子在难关面前是没有自觉性的，丝毫没有意识到自己已经深陷难关之中，结果也就没有勇敢渡过难关的意识。比如，学习某门课程时有部分没有听懂，有的孩子会认为老师以后还要再讲，没听懂是正常的，尤其是周围若还有和他一样没听懂的同学，那他就会误以为大家也都是同样的理解，因此也就不再追究。结果，到最后这部分没听懂的知识就会成为学习上的漏洞，而其实从没听懂那一刻起，我们就已经陷入了难关之中。

所以，学习过程中只要遇到问题，就不要觉得没什么，还是立刻记录下

来比较好，不管那个难关的难易程度如何，都应该对其注意，并想办法去解决。

（2）不要无视或者逃避难关。

虽然确定了自己已经遭遇了难关，但是有些难关会让我们觉得不好意思。比如，别的同学都听懂了的课程，我们却没听懂，如果表现出来没听懂，就意味着承认自己比较笨，尤其是那些学习成绩还可以的孩子，在这个时候可能就选择无视难关，假装自己没有遇到困难；而还有的孩子，则干脆想要绕开困难，认为不理会就可以渡过难关了。

但是，难关不是空气，它总会成为我们学习道路上的拦路虎，即便眼下没什么，以后某个时候一定会让我们束手无策。所以，不要无视，也不要逃避，难关当前，好好想办法去渡过它，如果有需要，还可以向老师、同学或者爸爸妈妈求助，总之正视它，别积攒它，越早越快地将问题解决，我们以后的学习就会越顺利。

（3）及时做深刻的总结。

渡过难关后不要立刻就放松了，要趁势将总结赶紧写出来，因为使用过的方法和经验都是刚经历过的，所以赶紧记录下来以备以后使用。这个总结不能只说一句"我渡过了难关"就完了，最好写得深刻一些，将为什么遭遇难关、自己怎么应对的、学到了什么方法、有怎样的技巧等等都要写清楚，这样以后我们再翻看起来才会更有参考的价值。

第十二章
青春期,正确对待友谊与情感

学生时代遇上青春期,这是个微妙的交集或碰撞。友谊的继续与情感的萌发,会在这个时期同时进行,但是学习绝对是此时不能被忽视的主要内容,那么,如何在学习、友谊与情感三者之间毫无障碍地游走,便是我们需要认真考虑的事情。

最纯真的友谊来自校园

朋友是每个人一生的财富,不同的人生阶段,我们也会收获不同意义的友谊。但是,要说最纯真的友谊,那还得说是校园里的友谊。

之所以这样说,是因为校园中的我们,还没有被外面世界的花花绿绿所吸引,也还没有被一些世俗世故所污染,我们和朋友之间的相处,就只是单纯的"我愿意与你做朋友"这样的简单,只要彼此有说得来的话题,只有彼此有共同的兴趣爱好,或者说只是简单地彼此看着就高兴,我们几乎会和任何人都成为朋友。而且,朋友与朋友之间,不会有任何的利益纷争,就算彼此吵了架,也还是转脸就能重新玩到一起去了。

校园里的友谊之所以纯真,还因为我们的毫无负担,除了学习,几乎不会再有任何其他的压力。而如果和朋友们在一起学习,这段经历也将是我们人生中最美好的回忆。

著名的无机化学家游效曾院士,中学时就读于江西南昌第一中学,尽管当时生活条件艰苦,但是他和同学们乐在其中。

因为大家都是那样热爱学习,平时总会找一些数理化方面的难题来互相探讨、辩论,尽管争论得面红耳赤,但大家都觉得颇为过瘾,争论之间,不仅学到了知识,友谊也在不知不觉中被巩固下来。

大家在一起互教互学,取长补短。游效曾和同学们都觉得这样的生活颇为充实而有意义,大家彼此鼓励,在这样的环境中奠定了良好的学风,也培养了不怕艰难的心理素质,最终都成了对国家有用的人才。

不得不说，这种彼此学习、彼此鼓励的情景，也只有在学校中才能见到，而在学习中建立起来的友谊，更是促进友谊双方共同进步的法宝。

既然如此，就别再犹豫了，好好寻找那些就在我们身边，等着和我们一起探寻无涯学海，一起苦中作乐的朋友吧！同时，也和朋友们一起来创造属于我们彼此的纯真友谊吧！

（1）交往态度要大方。

原则上来说，在学校里交朋友并不是一件难事，这里有众多与自己同龄的人，他们的生活经历、学习状态和自己也基本类似，所以大家理应很快成为朋友。但是，有的孩子偏偏交不上朋友，他们要么害羞，要么不知道应该怎样跟人交流、相处，最终只能在一旁眼睁睁地看着别的同学彼此成为朋友。

其实我们没必要害羞，在和周围同学接触的过程中，最好用"想要和大家成为朋友"的大方态度来和大家相处。如果能带着这样的心思，那么在和朋友们接触的过程中就不会表现得那么冷漠和自私，而是会非常热情且真诚。这就是心态的作用，所以要向大家展现出我们想要结交朋友的意愿，这样才有可能在遇见志同道合的朋友时，能够自然与之结交。

（2）正面对待朋友。

和朋友好好相处，是建立友谊必不可少的要求。所以，不论我们所结交的朋友是男生还是女生，都应该正面对待他们，不要带着任何私心去交友。

要提升我们自己的道德素养，要真诚、诚实、守信，还要友爱、善良。和朋友在一起时，多做有意义的事情，以给彼此留下美好的印象。

（3）维护好这段友谊。

这里所说的维护，除了前面所提到的要好好对待这份友谊之外，还要求我们能保证这份友谊的纯洁性。在学校里我们就是学生，没有任何其他的身份，所以我们的主要任务就是学习，不管是和同性还是异性交朋友，我们的友谊延伸方向主要就是学习方面，而不是其他方面。当然不排除我们会成为非常好的朋友,不仅彼此关心学习,也会互相关注生活,但是也就仅限于此了,其他再深入的关心就已经超越友谊了,太过分的嘘寒问暖或者呵护有加,都有可能让这份友谊变质。

所以,朋友就只是朋友,请给彼此留有足够的空间,不过分关注,以保证这份友谊能够持续下去。

第十二章
青春期,正确对待友谊与情感

分清友情和爱情的界限

暑假过后,13岁的女孩月月开始了她的初中生活。刚一进入中学,新同学、新学校、新环境,一切都让她觉得很新鲜。而活泼开朗的她很快也在学校里交到了好朋友,其中还有几个异性朋友。

在所有的异性朋友中,月月和比她高一个年级的一位学长走得最近。学长和月月住在同一个小区,所以很快就熟悉起来。学长对她也格外关心,只要能见面,对她都会嘘寒问暖,还经常帮她补习功课。平时,学长经常会给月月送些小礼物,她还觉得这个朋友交得真是太值了。渐渐地,月月和学长之间的关系也变得越来越亲密。

但没过多久,班上的同学开始在月月背后窃窃私语,有朋友也犹豫了好久才问她:"你是不是在和学长谈恋爱?"月月惊讶极了:"我哪有?"朋友则说:"别装了,大家都看出来了,学长对你那么好,他完全就是喜欢你啊!"听了这话,月月的脸一下子红了,说话也不利索了:"瞎……瞎说……我们就只是朋友,是朋友而已,哪有什么爱情。"

朋友半信半疑地看着她,月月这时也开始回忆和学长相处的点点滴滴,她既觉得不好意思同时也很疑惑,到底从什么时候开始,自己和学长之间的友谊变得如此暧昧不清了呢?自己与学长之间,到底是友情还是真的演变成了大家眼中的爱情呢?

友情和爱情,刚进入青春期的我们的确难以区分。就像月月这样,身边有人对自己好,就算对方是异性,也可能就只是觉得彼此友情很好,友谊稳固。但没发现，在不知不觉中，自己和对方都已经迈过了友情的界限，在外人看来，爱情的小芽也已经冒头了。

其实，这还是我们对友情与爱情之间的界限区分不清所导致的。我们以为彼此关系好就是友情了，但在与异性交往的过程中，如果我们不多加以防范，即便我们自己没有觉得感情发生了变化，可没准儿在对方那里，这份友情已经在慢慢变质了。

所以，一旦进入青春期，又刚好身处学校，有大量的异性可接触，那么此时我们就更应该明了友情与爱情的界限，从自我开始做起，将和同学之间的感情控制在友情的范围内，不要任由其向爱情的方向泛滥。

要做到这一点，可以从两方面入手。

第一，是从我们自己的角度。

首先要端正自己的交友观念，最好多结交同性朋友，不要太过好奇与异性相交是个怎样的感觉，多和同性朋友在一起，大家多一些同性之间的话题交流，相对来说会更好一些。

而即便是和异性朋友相交，也应该注意自己的分寸，不要什么都不顾忌。比如，能和同性朋友分享的闺中秘事，就不要随便和异性朋友讲，而且就算是同性朋友我们也不能随便说自己的私事，与异性朋友就更是绝对不要提及这些内容，以免给对方造成误会。和异性朋友之间，最好多讨论与学习有关的话题，或者就学校的活动等与之进行讨论就好。如果和异性朋友有共同爱好，也最好是和大家一起谈论，而不要单独相处。

第二，是从异性朋友的角度考虑。

在与异性相交的过程中，我们的神经可不要那么大条，异性的某些特殊的言行举动要格外注意。

比如，如果某个异性独独对你表现得格外热情，经常献殷勤，这时我们就该多加留心；还比如，如果某个异性总是会格外关心你的方方面面，不仅仅是学习，还包括生活甚至是穿衣打扮，对方都非常在意，那么这就是一个危险的信号；还有就是，如果对方总会找各种借口来制造和你相处甚至是独处的机会,那么这个信号就已经非常明显了。

　　这些时候就应该意识到,对方可能已经跨过了友谊的界限,而我们首先就要控制好自己的情绪,尤其是女孩子,对于异性的殷勤表现不要显得很享受,及早让自己从这段模糊的感情中抽离,既保护了自己也不会对对方有太大的伤害。

　　所以,面对异性的异常举动,我们首先要保持自己的原则,对所有的朋友一视同仁,不要因为某个异性对自己特别好就对其特别对待。当然,如果有机会,可以委婉地表达自己的原则,假如对方已经提出了进一步的要求,也要理智地拒绝。

保持与异性好友交往的距离

如前所说，不是说我们不能结交异性好友，重点是保持与异性好友之间的距离。因为总是有孩子误以为，像对待同性朋友那样去对待异性朋友，应该就没有问题。但这样的认知其实是错误的，一旦我们与异性朋友有过分的接触，就有可能引发意想不到的后果。

曾经有一个初中女生，性格豪爽开放。和同性朋友在一起时，女生更喜欢与朋友们亲昵相处，彼此拉拉手、勾勾肩，说到高兴的时候还会笑闹在一起，朋友们觉得女生很开朗，所以都愿意和她一起玩。

女生觉得这样的感觉很好，在和异性交往时，她也将同样的方法搬了过去，与异性朋友在一起，她也一样毫不顾忌，时不时地和对方有身体上的接触，玩得高兴了也一样毫无顾忌地就将身体贴在异性身上。

不仅是外在身体的接触，女孩和朋友们谈论的话题也总是不分彼此。和同性朋友说的悄悄话，有时候她也同样讲给异性朋友听，还总是很"八卦"，和异性朋友在一起时，总是好奇对方的种种隐私。

很快，女生的一个异性朋友产生了异样的想法，认为女生这样做就是在引诱他，在一次放学后的闲聊过程中，这个男生顺势拉住了女生放在自己腿上的手，并把她向自己怀里带，边动边说："我们来玩点更刺激的游戏吧。"女生吓坏了，费了好大劲儿才得以挣脱。

而从那以后，女生对异性朋友也产生了种种猜忌心理。

其实要说这个女生的遭遇，原因全在于她自己。在和异性朋友交往

第十二章
青春期，正确对待友谊与情感

时，她忽略了彼此不能跨越的距离，不管是外在行为表现还是内在言语思想，她都和异性朋友走得太近了，这才导致心怀异样的异性朋友产生了错觉，误以为她是一个"开放"的女孩，给她带来了一次惊魂经历。

其实不管是男生还是女生，在和异性交往过程中，都应该时刻注意保持距离，不该跨越的距离就要让它如楚河汉界一般地横在彼此之间，要保证彼此间的安全距离。若是我们毫不顾忌地就跨越过去，最终吃苦的只能是我们自己。

而要更好地保持与异性之间的交往距离，也要从两方面来考虑，一方面是身体行为，另一方面则是言语思想。

在和同性交往时，我们可能会勾肩搭背，也会彼此拥抱，女孩子更感性一些，可能还会彼此腻在一起。其实这都不算什么，毕竟都是孩子，玩到高兴的时候会凑在一起也是无可厚非的。但是，这些动作仅限于同性，而且就算是同性也没必要太过亲昵，好好坐着说话看书学习不是更好吗？

而这些动作，在与异性相交时就一定要避免，即便是坐在一起聊闲天，也不要太过随意，言行举止还是要有分寸的，男孩子不要太过豪爽地大手一伸就去搂住女同学的肩膀，而女孩子也不要不管不顾地就往男同学身上又靠又蹭，控制好自己的行为，自然也就不会给对方留下遐想和"搞小动作"的空间。

外在的动作行为相对来说好控制一些，但内在的言语思想就需要我们格外留心了。和异性相处时，不要口无遮拦，多和对方谈论学习问题，多探讨学习的事情，少说无聊的"八卦"，尤其是与异性相关的隐私，在这方面就该收敛起好奇心。

重要的是，青春期所处的阶段刚好也是学习开始紧张的中学时代，所以此时不如将注意力更多地放在我们即将要学习的更为深奥、更为复杂的知识内容上来，以此来减轻对其他无聊事项的关注。

不过，虽然说要保持距离，却并不是让我们与异性距离千里之外，没必要将异性朋友看成是洪水猛兽。我们只需要和异性朋友正常交往，多讨论学习方面的事情，多和大家一起集体行动，多结交一些益友，避免异性间的交往出现偏差。

当然了，假如我们在这方面还是有苦恼，不管是和老师谈谈还是和爸爸妈妈聊聊都是可以的，让他们这些更有经验的人来开导我们，帮我们走出苦恼的情绪，帮我们卸下心理包袱，可能也会好受许多。

慎重对待青春期的恋爱

一个14岁的女生和班上的一个男生彼此颇有好感许久了。就在上个星期五放学之后,男生主动找到了女生,说了一堆虽然语无伦次但意图明显的情话。女生的心跳得厉害,脸红红的,内心却激动无比——自己喜欢的人刚好也喜欢自己,感觉真是太美妙了。

从那天开始,上课时,女生总能感觉到男生从背后看过来的目光,而她也总是会借口向后面同学借东西而偷瞄一眼男生;下课时,两人会在大家不注意的地方对视偷笑,有时候还会借传纸条来讲悄悄话;放学后,男生总是会"顺路"走在女生身后,如果遇到没多少熟人的地方,男生就会快步走上来和女生拉拉手……

结果,女生每天的大部分时间都在想着男生,不管是学习还是其他活动,都在不知不觉中被她放到了次要位置甚至被抛在了脑后。

最近一次考试,女生发现有那么多题目自己居然看不懂、不会做,成绩也糟糕得一塌糊涂,而男生的成绩也是同样的情况。女生知道应该是和男生的感情影响了她的学习,可让她放弃又有些舍不得,这可真是伤脑筋。

尽管千防万防,有些孩子可能还是没防住自己那如潮水般的情感爆发,一个不小心,我们可能就会与某个有同样心思的异性产生情感上的碰撞,彼此都开启了"爱情模式",就如这个女生和她的同班同学一样,在不合适的时间里开始了一场不合适的恋爱。

其实要说起来,早恋这个词是一种相对状态,因为人的成长发育是个必然，到了青春期，会出现对异性的特殊情感是不可避免的，此时出现对某人的爱慕再正常不过。只不过，此时我们却并不能任由这种爱恋的情感随意发展，毕竟我们还是学生，学习才是此时的当务之急，或者说学习才是我们的正业，怎么可以抛掉正业去随意干别的事情呢？而且，我们的人生才刚开始，未来还会遇到更多出色的异性。

所以才说，这个时期就陷入恋爱之中，实在是太早了，我们没有足够的精力去同时应对学业与情感，也没有足够的资本去经营这份情感，更不可能有足够的保障去维护这段情感……无论如何，过早地恋爱是不合适的。

可是话又说回来了，对某人的好感一旦来临，真是刹也刹不住，看看前文那个女生和男生就知道了，那又该怎么办呢？此时的建议就是，一定要慎重对待。

（1）不要排斥也不要胡乱应付这种感觉。

青春期的情感一旦来临，我们可能会不知所措。有的孩子会排斥这种感情，为了躲开这种感觉，会压抑自己、惩罚自己，或者放任自己。

错误的应对一定会让这份原本很纯的感情受污染，或者让自己的心理受到伤害。所以，对于这种感觉我们应该坦然一些，因为在青春期来临前我们可能都会接触到介绍青春期的内容，不管是老师讲的课还是某些介绍科学知识的书，我们应该对其做好心理准备，不要太过惊讶，也别太过紧张，放宽心，只要正确处理，我们都能平安度过这段青春期的情感敏感期。

（2）和爸爸妈妈聊聊突然而来的这种感情。

对青春期的感情感到不知所措的时候，父母其实就是我们最好的倾诉对象。有的孩子觉得这种事情本来就是父母唯恐避之不及的，还和他们聊那岂不是等于自投罗网吗？

其实父母之所以会担心，就是生怕我们会走错了路。那倒不如坦然将我们此时的感觉、心理的苦恼等一股脑儿都说给他们听，从他们那里获取意见，听听他们对这些事情的处理，也许从中我们还能有所收获。

而且父母的感情是经历过考验的,看看他们的感情再对比我们的感情,也许就不会擅自开始一段不成熟的恋情了。

(3)换一种眼光去看待这份感情。

有的孩子会显得信誓旦旦,认为自己现在的这段感情一定能天长地久,其实这只是从我们一厢情愿的角度去看罢了。换一种眼光,从更长远的眼光去看待目前我们的感情,就会发现它其实很渺小。

我们什么都没有,没有自主生活的能力,更谈不上自主经营情感的能力,一腔热血之下才刺激得我们去为感情付出,而开始所有支撑这份感情的东西我们都不具备,这样的感情发展太过苍白。因此,不要总是钻牛角尖,认为青春期的恋爱是可行的,当我们能想到更远的未来时,就会意识到自己的弱小了。

(4)尝试丰富自己的学习与生活经历。

为了不让突如其来的感情影响生活,我们可以选择丰富自己的学习和生活,建立起一个忙碌的状态,这样就不会有足够的闲工夫去胡思乱想了。

可以多给自己找几样愿意参与进去的兴趣爱好,或者是参与某项运动,或者是选择书法、绘画、下棋这样的必须集中精力的活动,都可以让我们转移注意力。平时也要多看看书,多出去走走,见识多了,接触的世界广了,我们的眼光自然就高了,也就不会只注意到自己周身的同龄异性,我们会想到更远的未来,对冲淡我们现在的感情会很有帮助。

青春的"涩果"不要尝

青春期到来，我们的身体开始逐渐从幼稚走向成熟，而在青春荷尔蒙的作用下，也会产生性冲动。再加上青春期对异性的好奇及情感的萌动，还有就是我们那并不坚定的自我控制能力，这些因素综合起来，可能就会发生一些意外状况……

一个14岁的女孩在妈妈的带领下走进了妇幼保健院，在医生看来，女孩个子很高，身体却很瘦弱，一脸稚气。

经过检查，医生发现女孩居然已经有了快5个月的身孕，而她自己压根儿不清楚自己身体上的这一变化，还是妈妈发现她好久没有要求买卫生巾了才想起来到医院检查。

妈妈可能隐约有些预感，可当女儿怀孕的事实摆在眼前时，她还是震惊不已，进而又伤心不已。

女孩一直很乖巧，学习成绩也不错，怎么会出现这样的事情呢？在医生的单独询问中，女孩只是红着脸说自己和同班的一位男生一起"那样了"，却坚决不说是谁，还央求医生不要告诉妈妈。而当医生问女孩是不是知道"那样"之后会怀孕，女孩却回答说"没考虑那么多"。

医生给女孩做了流产手术，看着那稚气的脸庞，医生也忍不住摇头叹气。

女孩过早地品尝了青春的"涩果"，而这苦涩的滋味，却只有她独自承担。显然，不管是从身体上还是心灵上，这种苦涩都会让人感到难过。

要说起来，这个女孩的这种情况还相对较好，只是妈妈和医生知道，有些女孩过早品尝禁果之后，不仅身体受到伤害，还要受到来自同龄人、学校、社会等各个层次的人们的议论，有的男孩并不负责任，做过事之后就逃避了事，这无疑给女孩们的内心增添了更大的压力。

那么男孩就好过一些吗？当然也不是了。

曾有新闻报道过，一对早恋初中生偷偷地品尝了禁果，15岁的女孩怀孕了，家人知道后便去找男孩家里讨要说法。两家人言语不和，女孩的家人扬言要告男孩强奸罪。男孩害怕极了，生怕自己蹲监狱，一番挣扎之后，16岁的男孩趁家人不备找了一瓶农药喝了下去。尽管经过医院抢救，但男孩的呼吸系统还是受到了严重的损害，从此丧失了呼吸功能，只能靠吸氧机来维持生命。

在不合适的时间里品尝本不该吃的"禁果"，不管是男孩还是女孩，身心都会受到摧残。而且，当身体受到伤害之后，我们将再无精力去学习，当心理上有了负担之后，不管做什么都更会心不在焉。

可以说，一旦身体经历了这样一场"浩劫"，整个人生的发展都会产生波动。原本该是好好学习的时间，却全被我们用来抵抗身体上和心灵上的压力，而一旦错过了这学习的大好时光，以后再想要弥补，可谓难上加难。

所以，青春期是个坎儿，在此之前，我们该多了解一下青春期身体和心理可能会发生的种种变化，在这个时期里最好多和爸爸妈妈沟通，以缓解内心对这些变化的不安，也能从正面解除内心的种种好奇。

在这个时期，更要规范一下自己的道德素养，要用头脑中的道德那根绳索来捆住一时的冲动欲念。当然，最有效的方法，还是通过努力学习和多参与丰富多彩的兴趣活动来释放精力，同时多结交朋友，转移自己对某一个人的过多注意。尤其是努力学习，对此刻的我们颇为重要。通过学习，我们会发现知识的博大精深，会从书本中学到正确的人生观与价值观，从而学会自尊、自重、自爱与自制。

另外，这时一定要接触正规出版的介绍青春期的书和其他媒体资料，不管是男生还是女生，都不要随便从网络或者某些非法出版物上翻看与性有关的内容，否则一旦被这些不雅内容污染，不管是从认知还是从行为上，都将会在错误的道路越走越远。

第十三章

自信,成就卓越的人生

学习是一件需要自己努力的事情,但怎样才能让自己有动力去努力?是要老师催促吗?是要爸爸妈妈监督吗?当然都不是。自信,理应成为我们主动努力学习的一项主要促进动力。自信会让我们学得更认真,也更愿意学。有自信,自然也就能成就卓越的人生。

勇敢一点，你只需迈出第一步

学习也是一件需要勇气的事情，想要学习新知识，要有接受的勇气；想要攻克各种难关，要有敢于挑战的勇气；想要跨越障碍前行，还要有愿意承担失败的勇气。只有勇敢的人，才可能在学习的道路上走得更远。

不过，道理很容易讲，勇气却并不是人人都具备的，迈不出这第一步，后面的努力都只是一种幻想罢了。

也许是受到外国影视剧的影响，有个女生突然萌发要学习多门外语的想法。学校里有英语教学，但她觉得这些基础远远不够，还想要学得更深入。除了英语，她还想接触一下法语、德语、日语和韩语。但这样的想法一冒出来，女生自己都被吓到了，一下子就要学习5门外语，这不是痴人说梦吗？

女生觉得自己现在才刚上初一，这种"高大上"的外语学习自己是不是能应付呢？一直犹豫不决的女孩，也开始有了心事，有时候到书店去，看着那些外语学习的资料，她也会驻足停留思考好久。

爸爸发现了女儿的状态，了解了她的想法后爸爸笑了："学习的预想的确挺大，但并不是不可行的啊！一步步来就好，而且只要你愿意，只要能坚持，就肯定能学出来的。"

女生有些不好意思："一下子就要学这么多……"

爸爸笑着摆手："不是说一下子哦，刚才我也说了，要一步步地，可以先开始学一门外语，然后学得差不多的时候，有余力就去尝试下一门，学习这件事可是个长期过程，你得做好心理准备。但最关键的是，丫头，你敢迈出第一步吗？相信自己能学下去吗？"

女生想了想，很肯定地点了点头才说："我明白了，爸爸！我不会多想了，我愿意接受这个挑战，我相信我能行！"

第二天，女孩在爸爸的陪伴下，买来了更高阶的英语学习书籍，准备先从自己熟悉的科目开始着手。

不管怎样，第一步总是不容易的，这个女生的学习还可以先从熟悉的领域开始，但很多学习对我们来说是全新的，所以敢不敢开始学习，是至关重要的。不仅仅是学习，人生道路上还将遇到很多尝试，敢不敢迈出第一步，也将决定我们人生道路的未来走向。

还是自信一点吧，别害怕未来要经历的事情，毕竟我们现在所了解的一切都只是旁观得来的，而我们所设想的一切也真的仅仅只是个设想而已，都还没有出发，还没有亲身经历，又怎么知道某项学习或某件事情的发展会是怎样的呢？

只要能迈出第一步，只要走进学习的世界，也许我们就会发现，一切进展都是那样顺其自然。而从第一步开始，我们就要认真对待，有句话叫"万事开头难"，一开始我们就不能懈怠。

那难道就不考虑后面吗？有些事情只是想想都觉得难，如果不考虑后面的话，盲目迈了步子，后来发现自己做不到岂不是很浪费时间和感情？

这样的想法其实还是证明我们的自信心不足，就拿学习来说，只有不敢学、不愿学、学不下去的情况。没有什么内容是我们学不来的。而且还没开始学习就过分考虑以后学不会的情况，这岂不是在给自己泄气？我们天生就具备"学习"这项功能，就算从零开始接触，只要认真制订学习计划，不畏惧艰难，坚持下去，集中精力，不管什么样的学习都没问题，就算没有傲人的成绩，但学会、能熟练运用应该都不在话下。

所以，不要想太多，还是多关注一下眼前吧。至少先迈出脚步，让自己进入那个新鲜的领域，然后再开始为以后的事情努力奋斗；至少先让自己的自信发挥最重要的作用，先让自己勇敢起来！

正如一位作家所说："我从未看到哪个充满自信，肯定自我能力，并朝着自己的目标全力以赴、勇往直前的人竟然无法取得成功。"所以，我们也应该相信自己，并能勇敢地迈出自己的第一步。

第十三章
自信，成就卓越的人生

相信自己是值得被爱的

夏洛蒂·勃朗特是19世纪英国著名的小说家，她14岁时才进入学校开始学习。那时的她衣着寒酸，在学生中间很显眼；还有很浓重的爱尔兰口音，与学校里纯正的口语发音极其不符；她长得也不漂亮，瘦骨伶仃不说，还是个严重的近视，看书的时候鼻子几乎都要碰到书本，户外活动时，也会因为近视而接不到他人丢来的球。

这样的夏洛蒂成了同学们讥笑的对象，还被大家孤立起来。

但是夏洛蒂没有因此变得自卑，她相信自己是值得被爱的，所以她在一切可能的时机里尽情展现自己。不管是课堂上还是集体活动中，她都让大家看到了她的学识，看到了她丰富的想象力以及过人的聪明才智。

不仅如此，学习上所取得的优异成绩也让夏洛蒂连续获得校方颁发的奖项。

渐渐地，周围的同学不再嘲笑夏洛蒂了，而是给予了她最起码的尊重，有些同学还喜欢上了这个虽然外表并不出众，但内在亮如星辰的女孩，并和她成为好朋友。

如果没有自信，夏洛蒂在学校的生活一定会是噩梦一般，毕竟在集体生活中，被他人排斥是一件多么令人难过的事情。而遗憾的是，夏洛蒂的妹妹恰恰经历了这场噩梦。

夏洛蒂的妹妹艾米莉入学时已经17岁了，她个子又高，年龄又比同学们大许多，本身就已经有些自卑了。艾米莉也经历了与夏洛蒂同样的开始，她的寒酸以及与众不同也成了周围同学嘲笑的对象。

可是与夏洛蒂相反的是，艾米莉觉得颇为羞耻，尽管她也瞧不起那些奚落自己的人，觉得他们都是平庸的，都没有自己聪明，可是她却没有主动证明自己。

最终，艾米莉和周围同学总也融不到一起去，又不会主动展示自己的才华，苦熬3个月之后，她就不再上学了。

从夏洛蒂和妹妹艾米莉的经历对比来看，相信自己值得被爱，并进而展现自己从而让周围的人发自内心地真正喜欢上自己，才是真正的自信。想要让别人爱上我们，我们自己首先得爱自己。

不管到什么时候，不管要做什么，我们首先要意识到自己也是有优势的。不过最好也确定一下那个我们自认为是优势的"优势"，是不是真的足以令我们感到骄傲。如果确实表现不错，那么接下来我们就选择恰当的时机表现出来，不仅是自己知道，也要争取让大家都知道自己的优秀，从而提升我们在众人心中的认知度。

但是，假如那个优势只是我们自以为是的话，就要小心处理。可以先将自认为很好的表现向爸爸妈妈展示一下，听听他们的意见，可别因为自以为是而成了众人的笑柄。

当然，就算外在表现看来没有什么太突出的地方，也并不意味着自己就是不值得被爱的。每个人都会有自己的优势，善良、爱笑、乐于助人、诚实、守信、勤奋努力、健壮、踏实、勇敢、坚强……我们总会有一项是可以拿得出手的。所以，别担心自己在众人面前毫无表现，尽量表现出真诚与努力来，只要具备这两项，谁还能嘲笑我们呢？看到这样真诚与努力的自己，我们也该心里有底了。

除了我们自觉具备的优势，也要为自己添加更多值得被爱的资本。也就是说，简单的努力和真诚，开始的确会给人留有好印象，但我们也要在此基础上继续加油，要让自己逐渐成长，进而具备更多的值得被爱的资本。

就拿学习来说，要相信自己可以学得更努力，也可以看得见努力的成果，所以应该放心地进入学习状态，并且要心无旁骛地去学习，集中精力，攻克难关，当我们取得好成绩时，周围的人自然会发现他们"所爱不虚"，我们也就相当于很好地回应了对自己的信心，以及他人对我们的期待。

不过有一点也要注意，自信不能自傲。相信自己值得被爱，是一种对自我各方面的肯定，但不要沾沾自喜，觉得自己很了不起，或者觉得自己本就该得到那么多的爱，这样的傲慢态度很让人讨厌。如果有了这样的态度，即便真的值得爱，别人也会因此而对我们敬而远之。

所以，相信自己的同时还要谦虚，对周围的人也要友爱，使之更舒服地接受我们，从而更愿意付出真心来和我们搞好关系。

自信是种能力，自负是个包袱

自信会给我们带来前进的动力，会让我们不再畏畏缩缩不敢向前，但是自信并不是一个可以无限增值的东西，一旦自信得"爆了棚"，就会转变为自负，自负可是会给我们带来反效果的。

有个女生从第一次参加班干部竞选时，就被选为班长，一直到5年级，她一直是班长，学习成绩还很好。不仅如此，不管是唱歌还是画画，女生也都有良好表现，还参加过几次学校举行的各种比赛，也都取得了不错的成绩。她一直收获着老师的赞赏与同学的羡慕，可不知道从什么时候起，女生变得越发自负了。

在同学们面前，她总是表现出一副"你们都不行"的样子，有同学来问问题，她总是表现得很不耐烦；有同学求她帮忙，她也爱答不理。行使起班长权利来反倒很是雷厉风行，总是表现得自己高人一等。

有一次，老师让分组讨论上课讲的内容，看大家还有没有疑问。但女生却对自己小组的人说："和你们讨论太无聊了，回头我找老师讨论一下就行了。你们自己讨论吧，别打扰我。"听了这话，同学们都撇了撇嘴，大家索性也就不理会她，重新聚在一起热闹地讨论起来。

渐渐地，女生在班里的朋友越来越少，大家不管干什么都不愿意叫她了。直到6年级班里换届选举，这次女生只得到了一张选票，而且还是她自己投的。

从这个女生的故事我们可以发现，自负的孩子多半都有类似的"背景"，多数都是本身有很多闪光点的人，再加上获得过很多的赞赏，他的自信心就会无限增值，直到跨越临界点，从自信转为自负。

不得不说，对于每个人来说，自信是一种能力，会让我们在不敢前行时鼓起勇气。但是，自信到了头，再跨出一步的话，就变成了自负。所谓自负，简单来说就是自己过高地估计自己，通俗一些说就是自己不知道自己到底"吃几碗干饭"。自负的人可能都会有一些本事，但如果他总拿出来炫耀甚至因此而不思进取，或者因此而鄙视他人，那他势必会被众人厌恶。

所以，自信是能力，可一旦自信变成了自负，就相当于背上了一个沉重的包袱。那么，应该怎么卸下这个包袱呢？

首先，确定自己到底几斤几两。

"明确自己的实力到底是怎样的"，这对于预防自负很有效。这个确定的过程包括两方面：一方面是看看自己会什么，在哪些方面表现得不错，又在哪些方面有出色发挥，这些要做到心里有数；另一方面则是看看别人，以确定自己的表现在周围人中间是个怎样的位置，也就是说不能太过觉得自己了不起，在我们周围的同学中，表现很好的大有人在，所以自我感觉太良好的话，很容易就变得自负了。

其次，注意周围人对我们态度的反应。

有的孩子可能不知道自己的表现已经是自负了，依旧在沾沾自喜。其实通过注意周围人的态度，就已经可以发现自己到底是不是真的表现得自负了。

既然是在学校里过集体生活，除了认真学习、自信地表现自己之外，也要注意周围人对我们这种表现的反应，如果大家都对我们的表现有了议论甚至有了很明显的嫌弃动作，那我们就该好好反省了。

再次，纠正自负而不是嫌弃他人的不理解。

有的孩子可能会觉得他人的态度就是对自己的嫉妒，他们是"吃不着葡萄还说葡萄酸"，他们就是"羡慕嫉妒恨"。但是，事情总是有因果关系的，没有因哪来的果？虽然不排除有些人的确存在嫉妒心，可我们如果不是那么目中无人，对方也许就不会这般嫌恶了。

所以，不要总是觉得是别人的错，不要总认为是别人给我们带来了包袱，恰恰相反，是我们自己将自负这个包袱背在了身上，该放下的时候还是放下吧。好好检查一下自己的言行，收回那些"抬高自己，贬低他人"的表现，对那些因为自己的傲慢而受到伤害的同学表示一下歉意，并虚心接受大家的意见和建议。

改变并不难，重新获得大家的认可才是我们更需要的。

最后，不要轻易松懈下来。

还是要说回来，我们还是学生，学习是当下最重要的任务，而且学习是无止境的。所以，不要因为自己现在有了些成绩就扬扬得意，不要让自己轻易松懈下来，该努力的时候绝对不能偷懒，不要让更多的自负建立在虚无的吹嘘之上。只有继续努力，继续学习，继续钻研，继续迈过一道道沟坎，取得更多更好的成绩，我们才会更加有自信的资本。

自信的人拥有和谐的人际关系

从前面提到的夏洛蒂·勃朗特和她妹妹的故事我们就已经有察觉了，只有自信的人，且能更好地表现出自信的人，才会让周围的人更全面地了解自己，才会给周围的人带来不一样的感觉，并能更容易被周围人所接纳。而被接纳，也就意味着彼此间的和谐关系建立起来了。

因为爸爸工作调动的原因，男孩全家搬到了一个新的城市，男孩也不得不从原来的小学转出来，并选择新家所在区域的小学重新入学。

此时的男孩已经上四年级了，原来学校里的那些好朋友都离很远，于是他觉得很孤单。而要在陌生的新环境里重新交朋友，他又觉得有些难。

男孩难过地对爸爸说："就像我和原来的那群朋友一样，大家都是从一年级开始就在一起了，我一个外来人，很难融进集体，我可能很难再有新的好朋友了。"

爸爸拍了拍他的肩膀，鼓励道："别担心，我的建议是，你该保持自信，努力做好自己，在恰当的时候向大家展示自己的能力，表现出真诚来，最好是能在大家有需要的时候给予及时的帮助，我相信你没问题的。"

男孩有些忐忑，但还是决定按照爸爸的嘱咐去做。还好，男孩性格开朗，不管是老师的提问还是同学讨论，他都能说出颇有见地的内容来，同学们都发觉他很好相处，而且很有能力，所以也都愿意与他接触。不到一个月的时间，男孩便交到了朋友。他很开心，由此也更有自信了，相信自己如果继续这么做下去的话，应该能和更多的同学成为朋友。

其实不只是在新环境下，不管什么时候，想要建立良好和谐的人际关系，我们首先就要充满自信。至少要敢于在众人面前表现自己，并能够很好地将自己的优势展现出来，让众人看到一个阳光自信的自己，这样大家会更愿意与我们接触，而只要有所接触，关系自然也就容易建立了。

不过，正因为是要将自信展现给他人看，我们就要格外注意一些做法了，不然盲目自信变自负，或者自信出不来变自卑，都会直接影响和谐人际关系的建立。

首先，要注意选择合适的时机去表现自信。比如，遭遇难题时，大家都一筹莫展，如果刚好我们有解决的方法，此时就可以提出来，以解大家的燃眉之急。当然，这种"提出来"也一定要带有谦逊的态度，可以说"我有个想法不知道行不行，也许可以试试看，不行咱们再好好想想"，谦逊的态度不会引发人们的反感，大家反而会更期待，也能让我们更轻松自如地展现自信。

就算对某件事有十成把握，也不要一副"看我的就行了，你们别插嘴"的样子。凡事小心谨慎地处理，不张扬招摇，就不会让自己的自信变成自负。

而一旦在我们的提议下取得成功了，或者说我们的表现挽救了局面时，也不要沾沾自喜，更不要大言不惭地对众人说"看吧，全靠我才成功"。否则，这样的态度一定会让众人觉得自己的智商受到了侮辱，大家会自觉地远离这种以自我为中心的人。

正确的做法是，即便众人夸奖，也该说"看来大家的努力还是有效的"。也就是说，自信却不让自己独显突出，会让我们在人际交往过程中更容易被接受。

不能盲目自信，当然也不能太过收敛，两个极端都是不合适的。比如大家遇到困难了，原本我们是有方法，也有能力去处理的，但是考虑得太多，担心自己得不到大家的肯定，也担心自己会不会太过出风头，结果就把自信压抑了下来，以免成为"出头鸟"。

其实完全没必要如此，敢于展现才是真自信，前面所说的谦虚的态度是指表达的方式，而不是让我们干脆连表达都不敢了。认真地将自己所知所会表现出来就可以了，如果刻意藏着掖着反倒容易让大家误认为我们是"不屑于帮忙"，这岂不是适得其反了吗？

总之，自信的人若想要真正拥有和谐的人际关系，在表达方面就该多下些功夫，不管是在熟悉的人面前还是新朋友面前，妥善的处理尤为重要。既要让大家意识到自己的能力，也要给周围的人带来舒适的感觉，这个分寸拿捏好了，自然可以自信地迎接更多的朋友了。

自信的人勇于表达自己的观点

表达，原本是每个人的权利，也是每个人与生俱来的能力。即便是刚出生的婴儿，也会用哭声来表达他的饥饿、困倦，也会用笑容来表达自己的快乐、满足。

在婴儿时期尚且愿意这样表达，可随着慢慢成长，我们却选择了闭紧嘴巴，而不是选择让自己变得越来越透明，自我封闭了表达自己观点的勇气与自信。殊不知，随之而来的麻烦却会让自己更为烦躁。

有一个五年级的小男孩就写过这样一篇日记：

"今天上课的时候，老师提了一个问题，难得的是我居然知道这个问题的答案，当时还觉得挺高兴。但是看周围同学都没人举手，我就觉得是不是我想得太简单了，可能我的答案是错的，结果我就没有举手。

"后来，老师又问了一遍，才有一个同学举手了，但是他只说对了一半，老师最后看没人再回答，就把另一半答案也说了出来。我一听，就是我想的那个答案。

"于是，我就很激动地告诉同桌说：'我知道这个答案，老师刚一问问题的时候我就知道了。'可同桌却说我是'马后炮'，说我吹牛，还反问我当时怎么不说。不仅如此，老师还误以为我们是在上课说闲话，结果还批评了我。唉……"

明明知道，却没敢发言，就算事后发现自己是正确的，此时的喜悦却不会有人能理解，而且也容易招人怀疑。这就是这个男孩感到烦恼的原因，但是这又能怨谁呢？还不是因为他不自信？如果他能勇敢一些，能更相信自己一点，从容地站起来解答，也就不会有后面这一系列戏剧化的发展了。没准儿他获得的就是老师的夸奖与同桌的"崇拜"。

由此可见，我们还是需要这份自信的，拥有这份自信，不仅能让我们开口敢讲话，也能让周围的人不会对我们产生误解。

虽然开口说话可以算是表达，但表达并不仅仅是上嘴唇一碰下嘴唇这么简单，如何把要表达的内容都说清楚，如何将自己的观点传递给他人，并尽量让他人能接受或者认同，这就是个技术活儿了。

首先，确定自己是否真有信心表达。

说话是一种神奇的行为，如果说不出去，那些话会在脑子里反复播放，会让人觉得心底痒痒的，所谓"不吐不快"就是这个意思。

可相反地，一旦话语脱口而出，便永远都没有收回的可能了，俗话说，"说出去的话，泼出去的水"，正所谓"覆水难收"，也是同样的道理。

因此，说话前我们就需要先确定自己那份信心是不是准确的，有没有做好足够的准备去迎接话语出口之后的情况，然后再开口表达。

其次，整理好了再开口。

有信心表达和准确表达也不是同一个意思，有信心的表达不一定是正确的，但准确的表达却一定会给人增添信心。

话出口前，先在头脑中转几圈，多想想，将话语内容和当时的情景、周围的人以及要表达的东西综合起来，用一种较为稳妥的方式说出来会比较好。

这其实对我们也提出了另外一个要求，那就是多学习。要想让自己充满自信，脑子里得有足够的知识；要想更准确地表达，也得储备大量的话语构成基础。身为学生，不管到什么时候都不能把学业丢掉，培养自信心时更是如此。

最后，一定要口有遮拦。

自信就意味着要对自己说的话打包票，即便自信也要口有遮拦，以免因为一些小疏漏而给他人留下话柄。

勇敢表达观点并不是想说什么就说什么,尤其是不能狂妄自大地大包大揽。即便确保自己的观点正确,讲出来也要留有三分余地,好让自己有退路。

比如,一件事我们本来很肯定,但表达的时候不能说"绝对没错",而是要用"可能有效"这样的话语,这样的表达不是不自信,而是谨慎的表现。

学会激发自己的斗志

哈佛大学有着令人佩服的学术传统，在学术上可谓人才济济，但是与之相对应的，却是体育运动的匮乏，尤其是在篮球上，哈佛大学的球队总是没有什么好成绩。

为了改变这种状况，哈佛大学的篮球教练进行了一次试验，将水平相当的队员分成了3组，第一组被要求停止练习投篮一个月，第二组则被要求在一个月内的每天下午在体育馆练习一个小时，第三组则被要求在接下来的一个月里每天在自己的想象中练习投篮一小时。

一个月后，教练检验结果发现，第一组由于一个月没有练习，投篮命中的平均水平从39%降到了37%；第二组因为在体育馆坚持练习，投篮命中的平均水平从39%上升到了41%；而最令人惊讶的是第三组，仅仅是在想象中练习的队员们，其投篮命中的平均水平却从39%上升到了42.5%，成为三组人员中上升最快的一组。

究其原因，教练发现，第三组队员的想象中，他们的投篮都是命中的，也就是说他们在这一个月里不停地进行自我暗示，暗示自己是可以投中篮筐的。结果，果然起到了好的效果。

从另一个角度来说，第三组队员相当于找到了激发自己斗志的好方法，他们对自己充满了信心，暗示自己可以做得更好，最终他们的技术反倒都有了明显的提升。

显然，这种方法也不仅仅适用于这些运动员，放在正处在学习期的我们身上，应该也会起到意想不到的效果。

马上要期中考试了，雯雯有些紧张，因为上一次的期末考试她的成绩并不怎么理想，她想要在这学期的第一次大考中打一个翻身仗。但是，这种想法也导致了她的焦虑心理，离考试时间越近，她越觉得紧张，生怕自己会再次延续上次期末考的败绩。

妈妈看出来她的紧张，劝道："可别想自己的失败经历，想象一下，你将会取得怎样的好成绩。确认一下，你自己是不是已经掌握了足以应付考试的知识。别着急，多给自己一些信心，经常提醒自己'可以做到'，或者给自己打气说'我已经掌握了那些知识，不怕难题了'，激发自己的斗志，应该就没问题了。"

雯雯按照妈妈的提示去做了，心里慢慢地不那么紧张了，而且每天都提醒自己"我可以做到"的时候，她会觉得身心很愉悦，复习起来也更加有动力了。即便遇到难题，她也能很快调动头脑中的知识去应对。

考试时，雯雯竟然真的不那么紧张了，而且不管是哪一科，答题过程都很顺利，整个考试都在平心静气中度过。有这样安稳的状态，最后的成绩也真的让她开心不已。

怎么样？有没有被这种自我激励斗志的办法吸引呢？如果能在学习中经常进行自我激励，那么我们也应该可以成为一个对自己的学习充满自信的学生！

在激发自己的斗志时，最好多想想自己的优势，更中正地看待自己的优点，明了哪些地方自己可以有好的表现。当然，也不能忽略劣势的存在，要努力去改变劣势，让劣势变小、变无，从而保证自己不会被劣势缠住而不能动弹，最终要化劣势为优势。

当然了，这种激励一定要在自己的实力基础上去进行，毕竟自信就意味着自己能保证有一部分的表现是没问题的，所以再次强调，不要将自信变成自负，肯定自己可以做到的部分就足够了。

也许有人会说了：学习不是需要踏实吗？默默努力才行吧，这种自我激励或者说自我给予的自信，岂不是自欺欺人吗？当然不是了。学习也是需要自信的，否则我们又怎么可能肯定自己会学得下去？又怎么能肯定自己可以学得会？学习知识一方面靠大脑，另一方面也要靠精神。所以，在必要时刻，学习也需要我们激发起自己的斗志，这样不管前方有怎样的难关或者障碍，我们才会更愿意凭借自己的能力去把它拿下。

不要被别人的评价左右了情绪

拥有自信心的人会表现得坦荡而踏实，不管遇到什么样的事情，都能沉着应对。特别是遇到那些对自己有质疑的声音，充满自信的人也绝对不会被这样的声音所左右，这正是自信心带给我们的力量。所以很多时候，当我们的情绪因为他人对我们有了并不准确的评价而轻易发生改变（一般是变坏）时，多半都是自信心不足的表现。

有个女生天生个子就高，与同龄人们站在一起，她显得有些鹤立鸡群，再加上她的学习成绩并不算好，班上有些爱捣乱的同学就总是戏弄她，还经常给她起外号。

女生为此感到非常难过，为自己的身高而感到自卑，为自己的学习成绩感到懊恼。直到有一天，女生又一次被班上的捣蛋鬼戏弄哭了，班主任训斥了捣乱的同学，并把女生带到了办公室。

老师帮女生擦干了眼泪，并告诉她："高高的个子是你的优势，别觉得自己有什么不好，自信一些，其实很多人都羡慕你的细高挑身材的。至于学习，你觉得这是别人说说就值得哭的事情吗？学习是你自己的事啊，孩子！不要因为别人说了什么就难过，你该好好考虑自己到底该怎么办。记住，除了你自己，没人能否定你，也没人能让你如此不好受。"

女生像是忽然明白了什么，擦干了眼泪。后来，女生虽然还是会因为捣蛋鬼们的戏弄而不舒服，但她不断地提醒自己："我应该更关心自己，而不是别人的眼光与戏弄，而且我有信心改变这个现状。"

女孩将更多的注意力放在了自己的学习上，有问题就问，不懂的地方就虚心请教，很快周围的同学都被她的好学精神感染了，都感觉她像是变了一个人。在接下来的一次考试中，女孩的成绩提升了一大截，老师还特意表扬了她的进步。这时，那些戏弄她的人慢慢减少了，更多的同学因为她的进步开始崇拜起她来，她还交到了更多的好朋友。

我们的学习生活中是不是也曾经遇到过这样的情况呢？应该关心的事情没有注意到，反倒是那些鸡毛蒜皮或者毫无意义的事情被我们牢牢记在心上，那些负面的内容左右了我们的情绪，结果导致自己整个人都变得消沉颓废。如此一来，受折磨的是我们自己，好心情不见了，该发挥的能力也被埋没了，生活也变得不快乐，这岂不是很不划算？

所以，自信一些吧，别轻易就被不相干的言论左右了情绪，如此大好的学习时光，我们本可以更高效地利用起来，争取能让自己有更傲人的成绩与表现。

（1）不要太在意他人的否定。

有些人对他人的否定相当在意，总觉得别人否定自己，就意味着自己真的不行。但实际上，他人的否定可能是夸张的，也可能是不了解情况的，还可能就是一种臆想。所以，对于这样的否定，如果我们过分较真儿，岂不是在生没来由的气？自己的情况自己最清楚，相信自己并不是他们口中的那个样子，相信自己的表现，何必为不相干的人的不真实的话而郁闷？

当然，有些人的否定也是有事实依据的，我们的确在某些方面做得不好，那么只要关注一下自己究竟哪里做得不好就是了，及时改正问题，弥补缺点，他人自然也就再没更多的话可讲了。

（2）努力做好自己能做的。

不管怎么说，人无完人，我们总会有做不到的地方，会有不能企及的地方，但是这没什么，关键是那些能做到的事情，自己有没有真的做到并做好。

就拿学习来说,一定要认真学,这个时候的我们显然做不来太多的事情,那么基本的学习就一定要真的付出努力,不能拖延,不能偷懒,如果有余力再去做其他的事情。重要的是,不管做什么都该有付出精神,只有充实了自己,自信心才会更稳定与强烈。

(3)多展示自信而不是隐藏缺点。

每个人都会有缺点,就算为此遭受否定也是无可厚非的,但我们不能只顾着因此而哭泣,反倒遗忘了那些让我们自信的东西。多展示自信,并努力去改正自己的缺点,不要因为缺点觉得太过难过,好好分析原因,找出问题所在,如果有可能,就要把缺点变成优点,就算做不到,但我们已经努力了,也问心无愧,那就将精力集中到能做到的事情上,尽力做到更好。

第十四章
有好品格，才会有好未来

"首孝悌，次谨信。泛爱众，而亲仁。有余力，则学文"，出自《弟子规》的总叙部分，意思是，要先学会做人，先具备好的德行，在这之后再努力读书学习才有意义。否则，有知识却无德行，有学历却无品格，肯定不会有好的未来。好的品格，才是好未来的最大保障。

孝心——把父母放在心上，学习会更有劲

都说孝道是美德，从原则上来说这的确是美德，但更实在一些地去理解的话，孝道应该是每个人与生俱来的烙印，是天经地义的事，是原本就应该毫不犹豫去做并且要做好的事。把父母放在心上，对他们有一颗孝敬的心是所有为人子女者都必须做到的事。

那么，孝心与学习又有怎样的关联呢？来看这样一个故事吧！

有个女孩的爸爸妈妈都是农民工，一家人在外打拼，生活很不容易。12岁的女孩内心只有一个梦想，那就是好好学习，等有能力了，就改变现在的生活现状。

女孩一直为这个梦想而努力着，她认为，只要有"要过好生活"的理想在，她就能一直努力下去。可是，很多时候，她一想到这个理想，就会陷入幻想之中，幻想自己未来美好的生活，手底下的学习却因此而松懈下来。反倒是每天回家看见劳累了一天还要整理家务、给她做饭的妈妈，看见为了能多挣一些钱而打了好几份工的爸爸，她内心倒更能受到触动。而每次一想到爸爸妈妈辛苦的样子，她便更愿意多看一会儿书、多做几道题。

后来女孩突然就想明白了，原来能让她更有学习动力的并不是那个美好的未来，而是眼下辛苦的爸爸妈妈。她更希望的未来是怎样的？不就是全家人都能过上美好的生活吗？不就是为了不再让爸爸妈妈这么辛苦吗？如此一想，她在学习上就更愿意努力付出了。

女孩暗自对自己说："为了爸爸妈妈，我也要好好学习，将来的好日

子，得是我们全家一起过的。"

这个女孩也许就是我们身边的同学，也许就是我们自己，有没有从中发现孝心与学习的关系？那就是只要将父母放在心上，只要想着能让父母开心，能让父母放心，我们在学习上就会更加有劲头，就会自动自发。

而且，爸爸妈妈原本就希望我们能好好学习，即便他们因此而训斥我们，那也是他们爱我们的表现。既然如此，我们又怎能无视他们的良苦用心呢？

清代著名史学家万斯同小时候是个很顽皮的孩子，学习很不认真，而且颇不虚心。

有一次，父亲让他在客人面前展示学问，但万斯同学艺不精，背错了唐朝诗人白居易的《琵琶行》，受到了宾客的嘲笑。可是万斯同并不认为自己错了，还在宾客面前撒起泼来，掀翻了宾客的桌子。父亲一气之下将他关进了书房。

原本万斯同万分生气，还弄乱了书房，将书丢得满地都是。但无意间，他看到了那首被他背错了的《琵琶行》，意识到真的是自己错了，而且他也发觉了父亲将他关进书房的用意。

从此，他闭门思过，开始用心读起书房里的书来。而父亲也原谅了万斯同，并且给予了他最大的鼓励和支持。

后来，经过长期的勤学苦读，万斯同成长为一位通晓历史、博览群书的著名学者，还参与了重要史书《二十四史》的编纂工作。

虽然一开始万斯同对父亲的做法很排斥，但后来他还是意识到了父亲的良苦用心，并将父亲的教导记在了心上。正因为记住了父亲的教诲，万斯同才痛改前非，专心苦读，最终学有所成。

其实我们每个人也都经历过万斯同这样的阶段，贪玩、不爱学习，觉得爸爸妈妈的催促就是讨厌的话语。《弟子规》上讲，"亲所好，力为具"，也就是说，爸爸妈妈希望我们做的，我们就一定努力去达成，这就是对爸爸妈妈有孝心的表现。所以，无论是学习，还是德行修养方面，我们都要努力做好。

其实,学习的时候只要想想父母,我们就都会觉得自己的学习是有意义的,是有使命的。从表面来看,学习是为了自己而努力,但实际上,我们如果有了好成绩,最高兴的还是爸爸妈妈。我们好好学习,有德行,以后成为一个对家庭、社会、国家有贡献的人,是爸爸妈妈最期待的事情,那我们又怎么能拒绝呢?所以,对学习不用想太多,只要想想爸爸妈妈的殷切期待,想想身为子女的我们的孝心责任——这些理应成为促进学习的最大动力。

第十四章
有好品格，才会有好未来

感恩——是品格，更是对人、对事的态度

关于感恩，我们了解多少呢？有的孩子会说："感恩不就是别人帮助了我，我要及时感谢吗？"你是不是也是这样想？如果是的话，那你所认识的感恩可就太狭隘了。因为感恩可不仅仅是在得到了他人的帮助之后才想起来说"谢谢"的，感恩是一种品格，是我们对人、对事、对物的态度。

有一篇名为《韩国媳妇的感恩教育》的文章，讲述了中国家庭里的一位名叫恩贞的韩国媳妇教育孩子学习感恩的故事。

恩贞让幼小的孩子在家里盛饭、收拾碗筷，还要给爷爷奶奶奉茶。奶奶心疼，但恩贞却说："让他做这些，是让他体会到辛苦，学会感激，也是借此来表达对长辈的恩情。"

每天出门前，恩贞会拉着孩子一起对着爷爷奶奶鞠躬道别，爷爷奶奶表示，这个没必要，但恩贞却说："您是长辈，我们应该尊敬您，也该记着您的好。"

恩贞还给孩子做了一个"孝行牌"挂在胸前，牌子正面是父母像，背面则是孝敬父母的格言与规定，每天孩子都要对照牌子来默想自己的所作所为。

有一次中秋节，恩贞居然和丈夫还有孩子一起，向爷爷奶奶叩拜，以感谢长辈的养育之恩，还送上了他们亲手制作的礼物。从没收到如此礼物的爷爷奶奶，感动得泪流满面。

不仅是对家里人，恩贞也教育孩子感恩老师。她经常请老师到家里来做

客，每到节日，还带着孩子买好礼物去拜访老师，以感谢老师对孩子的教育之恩。

还有一次，孩子在学校里不小心把脚碰破了，一个高年级的同学扶着他去医务室进行了包扎。恩贞知道了，便带着一家人买了礼物，专门找到了那个同学家，感谢他的帮助与照顾。

孩子放寒假时，恩贞带着孩子去拜访农村老家的家人们，她请农村的亲戚教孩子认识植物和昆虫，教他做简单的农活与木工活，让他体会生活的艰辛。

奶奶从一开始的不理解，到后来对媳妇恩贞的做法深有感触，认为这样教育出来的孩子，将来一定是个懂得感恩一切的人。

从恩贞的孩子所受到的教育，我们是不是也有所感悟呢？

感恩，很明显并不仅仅是在受到他人的帮助之后才道出的"感谢"，更多的感恩其实就在我们的生活中，就在我们的日常表现之中。

而且，看看恩贞的孩子，他并没有因为每日例行感恩而耽误什么，相反的，他时刻想着家中长辈的辛苦，所以他会更加懂得珍惜；为了报答这份恩情，他也会更愿意去努力，另外他对自然的感恩，促使他的好奇心健康发展，种种综合之下，他应该会更乐于学习，在学习方面也会更主动地努力。可以说，正是因为他对人、对事、对物的这种感恩的态度，才促使其在学习方面更愿意付出。

由此看来，我们是不是也该重新认识感恩，并好好培养一下我们的感恩心了呢？

从内心出发去感恩。

重阳节到了，很多单位组织看望老人、感恩老人。结果，一家福利院里的老人，一天里洗了8次脚。而平时，除了福利院安排的护工帮忙，老人们都是自己洗脚的。

到了特定的节日才想起来去感恩，这种做法其实就是一种表面形式的感恩。我们要培养自己具备感恩的美德，就应该深入内心，真正看得见周围的人、事、物对我们的恩情,并主动自觉地想要对他们表达感谢。

平时就该有感恩之举,到了特定的节日,就要加上一个"更"字,更要有感恩的表达才对。

这就要从日常小事做起。

还是那个问题,怎样的表现才算感恩?是送上好多礼物吗?还是说有什么其他更特殊的表现?其实都不需要,感恩是要从日常小事上做起的。

比如,对待爸爸妈妈,好言好语好好学习,帮他们多做些家务事,不做他们不喜欢的事;对待老师,上课仔细听讲,认真完成作业,考试努力认真;对待朋友,与他们真诚相处,乐于助人;对待自然,不破坏环境,爱护植物动物,珍惜水等稀缺资源;等等。

生活中的日常小事更容易形成习惯,而感恩本身就应该是一种好的道德习惯,而不是某天想起来才做的事情,更不一定是需要多么隆重表现的事。当然,某些特殊时刻,比如有人给予了我们莫大的帮助,那么我们的感恩还是可以隆重一些的,不过前提是养成日常感恩的好习惯。

用更深一层的表现去感恩。所谓更深一层,其实就是要让我们用更为实际的行动去感恩,而对于还是学生的我们来说,所能做到的"更深一层"其实就是好好学习。因为,此时的我们只有在学习上付出足够的努力,才可能在未来学出成绩,有了这时知识的积累,有了德行素养的提升,未来我们才可能成为一个真正的人才,从而做更多有意义的事情,才能真正用更大的实际行动去报答天地万物、国家社会、父母师长、同学朋友、各行各业的劳动者以及周围的人的深恩。

谦逊——放低姿态，"三人行，必有我师"

大教育家孔子曾经四处游学，有一次他在路上遇见了两个争吵不休的孩子。孔子上前询问他们为什么如此争辩。

其中一个孩子回答说："我认为太阳刚升起来的时候离人近，等到中午的时候离人就远了。"

另一个孩子就反驳说："不对，应该是太阳刚升起来的时候离人远，中午的时候离人近。"

第一个孩子讲起了原因："太阳刚升起来的时候大得就好像是车上的篷盖，可到了中午的时候，又小得跟家里用的盘子、水盂一样。这不就是远了小近了大的道理吗？"

但另一个孩子也同样有理："错了！太阳刚出来的时候，天气是清凉的，有时候还会让人感觉很冷，可到了中午的时候，你不也是像把手伸进热水一样那么热吗？这就是近了热远了凉的道理！"

孔子听了，竟然想不出该怎样解决这场辩论，他一时间也没法判定两个孩子到底谁对谁错。

看到孔子的窘境，两个孩子都笑了，说道："您不是学者吗？谁说您的学识渊博呢？怎么连这个问题都判断不了啊！"

听了他们这样的说辞，孔子并没有生气，反而显得更谦虚了。

从这个故事里，我们要学到的是什么？没错，是被称为"圣人"的孔子的谦逊态度。当时的孔子已经颇有名望了，有那么高深的学识，还有那么崇高的德行，有桃李满天下的学生。但就是这样一位有名望的学者，即便面对的是幼小的孩子，也完全没有摆出架子，并没有借此训斥孩子们的胡闹。更可贵的是，孔子也没有直接就开口凭借自己的想象作论断，他不知道该如何评判，所以干脆就不评判，即便被孩子们嘲笑奚落，他也依旧是那样一副低姿态、一副谦逊的态度，这就是这则故事中圣人给我们做的好榜样——谦逊。

尤其是在学习上，谦逊的态度显得尤为重要，就如我们都熟知的那句话"谦虚使人进步"，之所以这样说，是因为谦虚的人会经常意识到自己的不足，而且他也会发自内心地愿意承认自己还需继续努力，所以他会更主动地去探索更多的知识。而且这样的人对他人的帮助会相当感激，也更愿意向人求教，从而解决自己的疑问，或者从他人那里获得更多的他所未知的内容。

所以孔子有这样一句名言："三人行，必有我师。"意思就是别人那里，必定有值得我们学习的地方，任何人都有可能成为我们的老师，所以我们当以谦逊的态度来求学，而不能因为自己学了一点东西就沾沾自喜。

作为学生来说，我们更应将"虚心"二字时刻记心头。因为我们所学所知所会的东西，只不过是知识海洋中的几滴水罢了，并不足以卖弄，也不足以成为炫耀的资本，我们要学习的内容还要多得多，而只有谦逊才能让我们接触到更多的知识。

平时在学校里，在老师面前必须要保持一种谦逊的态度，因为老师才是那个传道、授业、解惑的人，我们的任何自以为是都有可能是班门弄斧；在同学面前也不要总觉得自己懂得比别人多就很了不起了，我们总会有不知道的内容，周围的任何一个同学都有可能知道我们所不知道的东西，所以和大家在一起还是互相学习比较好。

等回到了家，爸爸妈妈更是我们人生路上的重要导师，所以也不要借着自己学了文化，懂了一些看似比较复杂的知识，就总是表现得盛气凌人。尤其是有些爸爸妈妈可能本身文化程度并不高，这时我们就更要谦虚一些，爸爸妈妈教会我们怎么做人，他们做人做事的经验却比我们丰富得多，生活的经历更是我们所无法相比的，因此尊重爸爸妈妈并全心全意孝敬他们，在他们面前时刻表现出不懂的一面来，会更显得我们懂事。

那么，和熟人相处要表现得谦逊，和陌生人是不是就能放松一些了？当然不是了。和陌生人在一起，我们就更应该收敛一些，因为我们不了解对方到底有怎样的表现，也不知道对方的知识水平，贸然显现自己懂得很多，在陌生人看来会觉得很好笑。不管是不是想要和对方交朋友，我们都该表现出谦虚的样子来，不要信口胡说，也不要说太"满"的话，知之为知之，不知表现出不懂也没什么的，这一点应该切记。

包容——心有多宽广，舞台就有多大

包容，其实可以分成两部分来看待：一部分是说我们做人当有包容之心，包容别人的错误，包容别人的不足，不能太过斤斤计较，得饶人处且饶人；另一部分则是说我们在学习方面当有包容，不能只学书本上的那点东西，视野应该开阔一些，思想应该灵活一些，学习的范围应该更广阔一些，只要是积极的、有意义的、健康的知识，多学必定有益。

这两部分的包容其实也是相通的，当我们接触的知识面更宽广时，我们的眼界就会变得开阔了，心自然也会跟着变得宽广起来，到那时也就不会因为一些鸡毛蒜皮的小事而耿耿于怀，也就不会非得和别人较真儿了。

而且，包容别人之后的另一大"福利"则是，我们将会有更为远大的志向，因为见识多了，因为经历得多了，我们就会更期待走得远一些。正所谓"心有多宽广，舞台就会有多大"。

那么，要真正做到包容，又该注意怎样做呢？

以课本为基础，展开探寻与学习之旅。

有人可能会认为，既然在学习上要做到包容，那就抛开课本去努力学习其他各种知识啊。这样想可就错了！我们现在在学校里所学到的知识，是未来学习的基础，不能说基础还未搭建就想着要去拓展，否则就只是在建空中楼阁，根基不稳，即便拓展学来的知识也将是晦涩难懂的。

所以，在学校的学习一点都不能松懈，认真应对才是硬道理。当学习有余力时，当可以自如地协调学习时间时，我们再拓展自己的学习范围比较好。

多接触有意义的积极的知识。不管是哪类的知识，都应该是有意义的、积极的。所谓包容，并不是包罗万象不分好坏，只有积极、健康的知识才会帮我们拓展心胸。相反地，那些污秽的东西知道得越多，反倒会污染精神，不仅会占据学习积极知识的时间和精力，更会对我们的道德培养产生阻碍。

一定要好好地磨炼自己的心智。真要做到包容，不是嘴上说说就能做到的，不管是知识上的包容还是平时待人接物的包容，我们都该有一颗强大的心。对于知识，要能分清好坏，也要能耐得住被知识包围的辛苦，有些知识可能是枯燥的，但我们也不能随便就丢弃，还是要坚持去学习，要耐得住性子。而对于人的包容，我们就更该好好磨炼一下心智了。

尤其是现在我们还是学生，头脑容易冲动，一旦有不顺意的情况出现，我们可能会表现得颇为不理智。所以，最好时刻提醒自己包容的重要性，多想想自己已经接触到的天地，想想自己的时间除了在这里生闷气还能再做些什么，当我们能将心放开时，这些无聊的小事也就不能再影响我们了。而与此同时，我们的心智也就被慢慢地磨炼出来了。

敢于挑战自我，让自己走出去。既然心胸放开了，思想放开了，我们已经开始了解世界的旅程，那就不要再只顾着"抠"书本上那点知识了，也该勇敢地接受一些挑战，勇敢地让自己走出去，去做做别的事情，让自己学习和生活经历都更丰富一些。

比如，学习一两门自己以前从来没接触过的外语，开始摸索新的运动项目，或者翻看以前看不懂的书籍，等等。全新的体验不仅会让我们接触到更多的知识，积累更多的经验，更重要的是也能帮我们继续开阔心胸，会让我们可奋斗的舞台变得越来越宽广、华丽。

诚信——看不见却又真实存在的一笔财富

电视台曾经播过这样一则公益广告:

男孩即将参加一次自行车比赛,忙碌的爸爸承诺一定会参加,但是爸爸太忙了,眼看着比赛日期要到了,他依然没有回家。男孩正沮丧时,却在比赛当天早上看到了举着头盔微笑的爸爸,原来爸爸为了不失约,连夜赶路回到了家。

比赛过程中,大家原本都沿着定好的线路骑行,但有两个孩子却破坏了规则抄了近路,男孩看着两个同伴从近路飞速向终点骑去,脑子里也在激烈地斗争着。突然,他回忆起了爸爸教导他做人要诚信的道理,也回忆起了爸爸曾经的诚信表现,便毫不犹豫地扭回头,沿着比赛规定的线路继续向前骑行。

对于每个人来说,诚信都是一笔巨大的财富,显然这个男孩从爸爸那里继承了这笔无价的财富,相信他未来的人生也能因为这笔财富而变得更加富有。

诚信是无形的东西,但是它却能从人们的言行举止中很明显地被察觉到。虽然有些事如果自己不说,恐怕没人会知晓,但是良心和时间恐怕就会成为惩罚我们的主审官,也许短期内并没有什么感觉,但随着时间的流逝,因为不诚信而带来的种种后果自然会显现出来。

元末明初的政治家刘基在寓言体政论散文集《郁离子》中讲过这样一个故事:

古时候，山东省济阳县的一个商人在过河时翻了船，他抓住一根杆子大声呼救，很快一名渔夫听见呼救声赶了过来。商人急忙喊道："我是济阳最大的富翁，如果你能救起我，就给你100两金子作为酬谢。"

但是，待渔夫将商人救上岸之后，他却翻脸不认账，只给了渔夫10两金子。渔夫抱怨他的不守诚信，商人却振振有词地说："你一个打鱼的，一辈子也挣不了多少钱，这无缘无故多了10两金子还不知足吗？"渔夫闻听尽管心中有气却也说不出来什么，只得无奈地离开了。

但事情就是这么凑巧，又过了一段时间，商人的船又一次在原地被浪打翻了，他大声呼救之下，有人又想去救他。可那个曾被他骗过的渔夫却告诫周围人说："他就是我常和你们说的那个说话不算数的人，你们要不要救他自己考虑清楚吧。"此话一出，渔夫们都放慢了划船的速度。最终商人不管喊价多高，也没人肯施救，他终因体力不支而沉入了水中。

先抛开要不要救人于危难这件事不谈，只是从诚信的角度去看待这个故事，商人的不诚信，失去了别人对他的信任，就如那个《狼来了》的故事里的孩子，因为之前的不诚信"记录"，而被人们所唾弃，即便他真的落入危险，也没人愿意出手相救，只能坐以待毙。

商人也许的确富贵无边，可从做人这方面来看，他也算得上是"穷得叮当响"，这才使他最终落得个无人愿意搭救的下场。

再返回来看看我们自己，作为学生，诚信更应该是我们道德学习中重要的一项内容。不管学习还是生活，都应该让诚信贯穿始终。

在学习方面，学习知识的时候要认真，知之为知之，不知为不知，不能偷懒，不能为了应付学习而学习。做作业的时候，要真正自己去独立思考，遇到难题也该自己认真解决。像是有同学会有"做不出来就抄作业"或者"每天只要抄作业就能应付老师"的想法，这些都是不诚信的表现，我们一定要避免。

特别是考试的时候，作弊是最不讲诚信的一种做法了。不管什么考试，传纸条、打小抄、和同学商量……这些都是不诚信的表现，都是考试过程中最不应该出现的。凭借自己的真才实学去应对考试，才最能检验我们的学习成果，也才能发现存在于我们身上的问题，以帮助自己更快改正。

在生活方面，诚信也是能保证我们可以开心生活的重要砝码。

对待家人，我们应该诚信，尤其是对爸爸妈妈，不能撒谎，做了什么就是什么，没做什么就要坦然承认，不能只为了逃避责怪就信口开河。

同时，诚信也是我们是否可以交到更多知心朋友的主要因素之一。比如，和朋友约定好了的事情，只要没有特殊情况，就该认真完成，否则随随便便失约就是我们不守诚信的表现，如果成了习惯，我们终将会被朋友们抛弃。

总之，诚信是我们每个人的第二张"身份证"，不要轻易就丢掉，它可是会跟随我们一辈子的东西，是能保证我们一辈子安心快乐的东西，所以要好好珍惜并好好表现啊！

负责——责任的承担才是成长的开始

瑞典著名物理学家凯·西格班小时候家境并不富裕，12岁那年，西格班的母亲因为操劳过度而卧病在床。为了节省开支，母亲放弃了去医院治疗，只是自己在家吃一些药勉强维持。但是母亲已经病得很重了，简单的药品并不能缓解她的病情。

为了给母亲凑治病的钱，父亲只得只身出门打工，而为了不让母亲再劳累，西格班决定承担起家里所有的事情。每天，他都要给母亲和自己做饭洗衣服，还要给母亲喂饭喂药，早上上学他都是一面吃着早饭一面向学校匆匆赶。而每天晚上，等到忙完家务活已经是深夜了，他还要完成作业、预习新功课、复习旧功课。

尽管生活劳累无比，可一想到自己已经揽下了照顾妈妈的责任，西格班就提醒自己一定要坚持下去，他还经常鼓励自己："顶住，一定要顶住！不仅要照顾好妈妈，还不能耽误学习！"

就这样一连好几年，西格班都坚持履行自己的责任。

儿时的这段经历，也成为西格班未来学习的动力。1981年，自小就有毅力且愿意承担责任的凯·西格班获得了诺贝尔物理学奖。

12岁的西格班，在照顾母亲和兼顾学习的责任中开始成长，他不再是原来那个依偎在母亲身边等着母亲照顾的孩子，而是变成了可以承担家务的小男子汉。而对家务的承担，又促使他产生了绝不放弃学习的毅力。归根结底，正是当初的那份责任心，才让他有了担当，而他所获得的诺贝尔奖，也许就是对他这份担当的最好回报。

我们都在成长，但显然每个人的成长经历都会有所不同。有的孩子与西格班的表现恰恰相反，即便已经不小了，即便已经成了中学生，却依然一点责任都不愿意承担，不管在家还是在学校，都只是任性妄为。

在家时，很多孩子会不愿意承担家务，甚至认为那就是妈妈该做的事情而与自己无关；有的孩子对父母完全没有尽到子女应尽的孝道，只顾着向父母索取不说，还对爸爸妈妈颐指气使；还有的孩子只顾着自己开心，并不管家中的任何事情，不顾及家庭的经济条件大手大脚，或者不在乎爸爸妈妈到底有多累，只为自己能享受快乐。

而到了学校，孩子们旷课、迟到的情况几乎是总也禁止不了的现象；上课不认真听讲，随便谈笑玩耍，下课作业要么不交要么就抄袭复制，考试的时候更是出现种种联盟只为求得好成绩；平时对班级的事情毫不在意，别人的事情更是"事不关己，高高挂起"；当然也有的孩子的确会好好学习，可他们却只埋头学习，对别的事情却一概不理，只图成绩优秀，做人方面完全放任自流。

这些不负责任的表现，我们身上有吗？如果有过，那么我们成长的就只是身体，我们的精神、毅力、思想等各方面还依旧停留在幼儿阶段，这是多么令人担忧的状态。对比前面12岁时的西格班，再看看现在的我们，也应该好好反省了。

责任是什么？应该应分两部分来理解。

第一部分，就是指一个人分内应该做的事情，比如学习，这就是当下身为学生的我们必须做的事；还比如，分担家务，这也是身为家庭成员和子女的我们所不能推卸的家庭责任。

第二部分，则是在我们能力范围内可以做到的事情，比如在学校里我们可以根据自己的能力选择担任合适的班干部，以协助老师管理好班级；在校外也要酌情履行一些社会责任，像是上车让座、保护环境等。

理解了责任到底是什么之后，我们可以检查反省自身，将自己那些不负责任的表现好好反思一下。需要注意的是，不能逃避自己的问题，最好鼓起勇气，邀请爸爸妈妈和我们一起讨论责任这件事。对于那些错误的表现，不要逃避，问问爸爸妈妈，应该如何纠正，想想自己有哪些弥补措施或者改正措施可以做。

如果真的下定了决心要改正不负责任的状态，可以设置一个责任表，看看我们到底应该做哪些事。责任表可以分两部分：一部分是我们在学校里该尽到的责任，另一部分则是校外包括家庭中该尽到的责任，列表的时候就要考虑周全，能想到的事情都应该写上去。

可以邀请爸爸妈妈来做监督员，对我们能负、未负、不愿负的一些责任进行监督，不要和爸爸妈妈讨价还价，毕竟有没有责任心影响的是我们自己的未来，所以应该对自己负责任的时候也不要手软。能负责，才意味着我们真正有所成长，要珍惜让自己成长的好机会哦！

自律——强者身上必备的一种优秀特质

自律，就是在没有人监督约束的前提下，能够自己约束自己，自己管理自己，自觉地遵守不能违背的规章制度，自觉地做到并做好该做的事情。

自律其实和诚信一样，也是完全靠自觉的，不是说别人要求我们怎样，而是应该我们自己意识到要怎样。如果没有自觉性，反倒抱怨他人，显然是不合适的。要成为强者，自律是必不可少的一种特质。

有一个上四年级的男孩，学习成绩还算不错，平时也很机灵，班里有什么事他也总能想到好点子，按道理来说他的表现也算好了。但是，在一次班干部换届选举时，申请担任班委的男孩却大败而归，班上竟然没有一个同学同意他的申请。

男孩很沮丧，老师却把他找了过去，把同学们写的"投票意见"给他看了，只见很多同学都写道："他上课不认真，不是说话就是搞小动作，还影响别人上课。"还有的同学写道："他自己总是挨老师训，怎么能做我们的榜样呢？"

男孩看完，脸变得红红的，一句话也说不出来了。老师问他："是真的想要做班委吗？"男孩点点头，老师笑着说："那如果想要赢得同学们的信任，我们自己就该学会自律，自己约束自己，让大家看到你的改变，这才能在大家心中树立威信，你觉得呢？"

男孩点了点头，并诚恳地向老师要来了同学们写的投票意见，表示以后自己一定会改掉那些不自觉的缺点，做到自律，再去努力获得大家的信任。

不自律，并不是我们所感受到的自由自在，相反，周围人都会看到我们的自由散漫，并对这样的行为有一个最基本的判断，这正是同学们不愿意选这个男孩当班委的原因。那么对照他，再看看我们，还在想自己更需要自由吗？还是踏实一些吧，不要太放任自己，多一些自我控制，提升一下自己的忍耐精神，只有管理好自己，才有资格、有能力去管理他人。

给学习与生活制定规则。

自律，简单来说，就是自己对自己建立起种种规则，以更好地约束行动。那么我们就不妨给自己的学习与生活制定出一定的规则，以保证自己不管做什么事都不会太过散漫。

比如，学习上可以规定自己"上课不能说话、不能搞小动作，写作业要认真专心不能开小差，学习结束才能去玩"，生活上则可以规定自己"该是自己做的家务不能推托，不要随便向爸爸妈妈撒娇"，等等。

这些规则最好能写出来，或者打印出来，要让它们变成实实在在的能让我们看见的规则，而不只是在内心的简单回忆。毕竟我们在培养自律好习惯的过程中，需要时时监督自己，所以为了防止偷懒或者忘记，还是黑纸白字更容易让我们记住并努力去执行。

丢掉所有的借口。

借口是自律最大的敌人。举个简单的例子，原本已经准备好要学习了，但是发现到了播放动画片时间，便"体贴"地对自己说："就看10分钟。"可是这个"10分钟"却因为电视节目的精彩而被无限延长下去。尤其在爸爸妈妈不在家的时候，可能延长得会更长。

"就看10分钟"就是一个借口，学习就是学习，别的任何事情都不能随便插入打扰。所以，一旦设定好规则，一旦决定要自律，就要将该做的事情一做到底，无论什么借口，只要不是极其特殊的情况，能忍耐的还是忍耐一下吧。

锻炼自己的内心。

曾经有这样一个小故事。

第十四章
有好品格，才会有好未来

美国著名建筑师詹姆斯·兰费蒂斯11岁时，和爸爸一起去钓鱼。按照当地的钓鱼规则，当天只能钓翻车鱼，第二天凌晨开始才可以钓鲈鱼。

当天傍晚，詹姆斯和爸爸将钩好鱼饵的渔竿甩进了湖中，直到晚上，詹姆斯终于钓上来一条几乎有10千克重的大鱼。但那却并不是他们准备钓的翻车鱼，而是一条鲈鱼。父亲看了看表，发现离可以钓鲈鱼的时间还差两个小时。于是，父亲说："孩子，你得把鱼放回去。"

詹姆斯极其不乐意，父亲却说："你还会钓到别的鱼的。"

"可怎么可能还钓到这么大的鱼？而且又没人看见。"尽管詹姆斯如此抗议，父亲却丝毫不让步。最终，他只得摘下鱼钩，将大鱼放回了湖中。

日后，詹姆斯果然没有再钓到那么大的鱼，可每当遇到与道德相关的事情时，他都会想起这条大鱼。这条鱼成了他自律的基础，他一直为自己的父亲骄傲，也为自己骄傲，更可以骄傲地将这件事告诉给朋友和自己的子孙后代。

当面对巨大诱惑时，才是真正考验道德的关键时刻，詹姆斯的父亲给他上了生动的一课，也许他的内心当时是煎熬的，但他显然经受住了考验。对我们来说，内心的这种锻炼也是必需的。所以，好好锻炼一下内心，别轻易就被诱惑勾走，坚持住，将更多专注力放到学习或者其他应该做的事情上，只要有一次能坚持，那么以后就什么时候都能坚持了。

不要太依赖老师和爸妈。

有的孩子会说，在学校会有老师看管，在家又会有爸爸妈妈教育，有这么多人管着，我们何苦还要自己约束自己？这可是错误的想法。

自律是一种道德，是我们每个人都该具备的道德，难道要将我们的行为交由他人来评论吗？当然不行。自己约束自己，才是成长，所以要抛开这种依赖，自己给自己订立规矩，自己主动去遵守，这才能培养出自律这项美德来。

选择——人生最重要的不是奋斗而是抉择

哈佛大学的一位著名导师曾经说过:"并不是付出就能有回报,关键在于你选择了什么。选择什么,你就会得到什么,但是如果你什么都想选择,那么什么都不会选择你。"

其实把这一句话简单总结一下,就是人生最重要的是选择,只有选择对了,后续的奋斗才是有意义的;否则,如果一开始的选择就出现了问题,那么奋斗也只是徒劳,既耽误时间又耽误精力,最终还可能费力不讨好。

有一家法国报纸曾经举行了一次有奖智力竞赛,其中有一道题目问:"如果法国最大的博物馆罗浮宫不幸失火,当时的情况是,火势太大导致只允许抢救出一幅画,你会去抢救哪一幅?"

这次竞赛收到了上万份答卷,对于这道题,大家的答案也五花八门,有说要抢救意大利画家达·芬奇的《蒙娜丽莎》的,有说应该抢救荷兰画家凡·高的《向日葵》的,还有说要抢救西班牙画家毕加索的《拿烟斗的男孩》的……但是这些答案都不精彩,只有一个人的回答最为打动评委的心,答案中说:"我会抢救离出口最近的那幅画。"最终,这份答案获得了金奖,它获奖的理由是:成功的最佳目标不是最有价值的那一个,而是最有可能实现的那一个。

可以设想一下这道问题中的场景,大火已起,浓烟滚滚,当时的情况下,有几个人能跑到准确的位置拿下需要抢救的油画,并最终能保证人画都安然而退呢?但这位金奖得主的回答,却是实际而又可行的,离出口最近,那就不用盲目地确定方向，而拿了画几乎可以转身就跑，人是安全的，画自然也是安全的。

这就是选择，正确的选择会让一切努力都是有意义的，错误的选择只能是一种凭空的想象与美好的意愿。

很多时候，选择就是一瞬间的事情，比如考试的时候做选择题或者判断题，到底选哪个，到底判断是对还是错，当时或者一两分钟内就要出答案；但有时候，选择也是耗费时间的，比如决定将来的事情，这自然是需要我们慎重考虑的。

但无论选择什么，首先我们得自己去做选择，不要将这个选择的权利丢给别人，尤其是不要丢给爸爸妈妈，因为要成长的是我们，要去努力奋斗的也是我们，爸爸妈妈的帮助只是辅助，并不能代替我们自身的成长。

所以，如果遇到困难，不要一上来就去求助，先自己想想看，自己先试着做一下选择，自己先努力一下，如果实在不能解决再去求助也不晚。

这时有人一定问了："不是说选择非常重要吗？那如果我选错了怎么办？还不是白费力气？最后不还得让爸爸妈妈或者老师来救场？"

话可不能这么说，选择是一种能力，是需要慢慢培养的，也许一开始我们在选择方面会表现得并不突出，可随着实践的锻炼，随着学习的深入，我们也会逐渐具备选择的能力，到那时我们应该就能做出较为准确的选择了。

要选择可不是凭着自己的感觉去做的，选择也是需要一定的技巧的。

比如，我们应该熟悉自己的能力水平与范围，同时还要衡量即将要做的事情的性质，看看我们的能力和这件事是不是能相互"匹配"，如果能那就可以放手大胆去做，如果不能还可以选择其他的办法，这其实也是一种选择。

就像是学习要怎样学，是得过且过还是认真努力？这就需要我们自己选择；而学习过程中要用到什么方法，是照猫画虎地参照他人，还是根据自己的特点去琢磨出最适合自己的方法，这同样也需要我们自己来做出选择；至于说主要想学哪部分的内容，还有什么其他想学的东西，等等，更是需要我们自己的选择。所以，不要觉得这时候的选择与自己无关，越早对自己负责，我们成长得越快。

我们还应该不断丰富自己的知识储备，提高自己的实践能力，如前所说，选择并不是靠预感的，正确的选择也是有一定依据的，这个依据就是我们的知识与能力。

拥有丰富的知识，会帮助我们判断一些具体情况，根据这些情况，再做出选择就会容易许多；而能力则是我们能否应对某项选择的基本评判标准，显然懂的知识越多，对选项的判断也就越准确，而能力越强的话，则应对起选项来也会越得心应手。

那么，一旦做出了正确的选择，就算万事大吉了吗？不，这只是刚刚开始。因为选择是为我们打开正确的奋斗通道的大门，而接下来我们要做的事情就该是继续努力，毕竟我们是为了自己而读书，是为了自己而奋斗，既然正确的选择就在眼前，还有什么理由不去付出呢？

后记

特别感谢北京理工大学出版社领导的大力支持；感谢本书策划编辑秦庆瑞老师的信任与鼓励；感谢本书责任编辑的辛勤付出；感谢多年来给予我帮助的教育界的各位同仁；感谢为本书的写作工作给予指导、提出建议与意见、帮助整理相关资料等付出辛勤劳动的诸位老师，他们是周扬、翟晓敏、雒真真、张淑涵、周雅君、贾联、刘伦峰、姜淑秀、杨新卫、张振平、梅云、李俊飞、施杭等；感谢一直以来都关注我、给予我支持的家长朋友们。

同时，书中不足之处，冀望高明之士不吝赐教，予以指正，谢谢。

周舒予